# La musique en médecine

Sidney Licht

**Writat**

Cette édition parue en 2024

ISBN : 9789359941660

Publié par
Writat
email : info@writat.com

# Contenu

# AVANT-PROPOS

En présentant le point de vue d'un musicien sur un sujet aussi spécifique que « La musique en médecine », il me semble nécessaire d'abord de clarifier le statut de la musique en tant qu'art esthétique indépendant et son adaptation pratique à des fins utilitaires précises. Nous devons clairement séparer le processus individuel actif de création artistique des éléments de la perception passive et des effets qu'une telle perception peut avoir lorsqu'elle est appliquée pour différentes raisons réalistes.

D'un point de vue esthétique, en tant qu'art, la musique est une « superstructure » sociale qui, en ce qui concerne l'acte créatif individuel, reste une manifestation abstraite de l'esprit et de l'imagination humains. Son existence en tant qu'art créatif n'est possible que tant que les « possibilités » pratiques et les potentialités de ses effets dans la phase de perception passive n'empiètent pas et n'interfèrent pas avec son caractère de phénomène absolument non utilitaire dans les processus de l'art créatif. art créatif. L'art, de par sa nature même, est un produit de l'individualité. Contrairement à l'artisanat anonyme, la principale exigence d'un produit esthétiquement artistique supposant la présence de compétences et de connaissances professionnelles est qu'il soit l'œuvre d'un organisme humain possédant des qualifications acceptables en matière de vocation et d'expression. Nous avons donné à cet attribut des noms tels que talent, génie, imagination et bien d'autres encore. Ce phénomène de prédestination spécifique doit également s'accompagner d'une propriété caractéristique qui a reçu des noms tels que personnalité, individualité ou originalité. Il est évident que ces fondamentaux de la création artistique empêchent toute approche générale ou universelle des processus créatifs qui, à l'exception des éléments purement techniques et formels de l'artisanat et de l'expression commune d'un style spécifique, excluent le modèle et les finalités utilitaires définies. Tous ces facteurs ne concernent évidemment que le moment vivant de l'art musical dans l'essence et la genèse de la création individuelle.

Bien que la musique en tant que manifestation créatrice de l'esprit humain ne vise pas une fonction sociale ou utilitaire, ses résultats matérialisés peuvent néanmoins trouver une large application dans l'utilisation multiple de cet aspect de la perception passive. Cette perception passive stimule une participation active de l'auditeur chez qui elle peut provoquer des réactions émotionnelles et des modulations mentales définies. Si nous considérons la musique comme la création achevée d'un esprit, nous pouvons comprendre comment sa perception peut avoir une véritable influence sur l'humeur de l'auditeur et qu'elle peut être canalisée dans les directions souhaitées qui prennent la forme d'adaptation et d'ajustement. Ceci, malgré la diversité des goûts et des réactions, peut certainement être généralisé dans certaines limites par des méthodes scientifiques.

Même si je ne crois pas que la musique doive être écrite pour des raisons purement utilitaires (et je ne parle pas des avantages matériels qu'elle peut apporter à l' artiste, mais de l'esthétique de l'art créatif), je ne vois aucune raison de ne pas utiliser une composition de manière aussi pratique. avantage que son application peut offrir. La musique en tant *qu'application artistique* est connue depuis l'Antiquité dans de nombreux rôles différents, pas tous aussi louables et nobles que son utilisation dans la guérison. Sa propriété d'expansion mélodique, son caractère propulsif, sa vitalité rythmique, son insistance nerveuse, sa complexité harmonique, son évolution dans le temps plutôt que dans l'espace, sa richesse d'ambiances (qui s'étendent du calme statique à l'exubérance sauvage avec une énorme gamme d'impressions intermédiaires, même dans son aspect abstrait). caractère de son pur organisé) provoque chez l'auditeur une réponse essentiellement psychologique et émotionnelle, mais qui influence fréquemment la physiologie et le système nerveux.

L'utilisation de la musique pour le travail, les marches, la stimulation du sentiment de masse ou l'impact émotionnel (patriotisme, guerre, etc.), pour le divertissement, l'oubli, le changement d'humeur, la création d'ambiance et la musique de fond pour les films, évoque des réponses réalistes, où la musique est appliqué pour son effet plutôt que pour sa valeur intrinsèque. Il n'est donc pas surprenant que l'usage appliqué de la musique (qui n'a rien à voir avec le processus actif de création artistique) soit utilisé dans le soin et le traitement des malades mentaux et corporels. Je ne sais pas quelles réponses subjectives résultent de phénomènes purement physiques comme les vibrations et les harmoniques, mais je suis convaincu que les auditeurs sont physiologiquement et psychiquement affectés par des caractéristiques musicales telles que l'humeur, l'intensité, la hauteur et le contour rythmique. Il me semble que la bonne musique devrait provoquer plus facilement chez un malade mental le souvenir et l'association de pensées et de situations que les méthodes utilisant la persuasion factuelle. La musique peut éviter l'approche réaliste et, par sa progression absolue, recréer de manière abstraite une situation familière qui peut s'avérer très utile dans le traitement des patients mentaux. En suscitant une humeur souhaitée, il peut offrir au médecin une méthode de traitement de la maladie aussi importante que le choc, et un résultat qu'il n'est possible d'obtenir que d'une autre manière. Pour un musicien totalement étranger à la médecine et à la pathologie, cet usage semble évident et indéniable. Le Dr Licht a fait une étude approfondie de ce sujet et a indiqué quelques-unes des nombreuses utilisations de la musique en pathologie mentale et physique. Le travail qui s'appuie sur la recherche scientifique et l'expérience clinique est des plus impressionnants et encourageants. Si nous, en tant que musiciens, pouvons apporter notre contribution à un objectif aussi merveilleux que la guérison, ce serait certainement notre plus glorieux accomplissement pour l'humanité et l'utilisation la plus noble de notre art.

Mais, comme je l'ai dit, d'un point de vue esthétique, ce n'est pas le but mais l'effet de l'art qu'il faut considérer. Si *l'usage appliqué* plutôt que la création devait prendre plus d'importance, l'art perdrait ses caractéristiques essentielles et deviendrait une manifestation sociale de la production de masse au lieu d'un phénomène abstrait. Elle pourrait fonctionner utilement, peut-être pour un temps, mais en perdant les éléments primordiaux qui conditionnent sa propre existence, elle perdrait également les *effets* que son utilisation provoque non seulement en médecine mais dans d'autres domaines importants. Les effets de la musique ne progresseront de manière satisfaisante au profit de l'humanité que tant qu'elle pourra se développer normalement, quelles que soient les motivations et leurs justifications. À long terme, il trouvera une utilisation plus grande et meilleure au sens pratique, si sa création continue selon les lignes traditionnelles et n'est pas détournée vers le canal fallacieux de la production de masse anonyme avec pour conséquence la perte de son utilité propre et de sa *raison d'être esthétique* .

Il est probable que la recherche scientifique et l'expérience clinique motiveront la production de compositions musicales conçues pour certaines catégories de patients. Cela nécessitera beaucoup de compétences, de savoir-faire, un don d'adaptation et d'assimilation de modèles établis ainsi qu'une imagination disciplinée, mais la création de telles œuvres utilitaires planifiées ne serait pas possible sans la continuation de la musique en tant qu'art autosuffisant activé par ses propres émotions et réaction et plaisir spirituels. Aucun dérivé ne peut exister et progresser par suppression de la source qui doit l'alimenter continuellement par sa propre croissance et par la conservation de ses caractères individuels.

La musique en tant qu'art a ses propres lois internes de création et de développement traditionnel. Ces lois ne sont pas fortuites mais organiques et elles ne peuvent être violées sans autodestruction. Par conséquent, les effets bénéfiques de la musique ne peuvent être appliqués à des fins utilitaires que si son intégrité est à l'abri de toute intervention extérieure, ne serait-ce que temporairement, et si l'élément d'utilité sociale n'influence pas le processus créatif.

Les critères de valeurs artistiques et pratiques ne coïncident pas nécessairement. La valeur artistique n'est définie que par le temps, la valeur pratique est une question d'utilité présente. Des œuvres de grande valeur artistique peuvent être utiles, tandis que des « hits » faciles qui tombent dans l'oubli en peu de temps peuvent s'avérer extrêmement utiles, et c'est pourquoi les deux conceptions doivent être différenciées. *Le Tombeau Médicis* de Michel-Ange ou une *messe de Bach* sont totalement inutiles au sens pratique de l'œuvre, et la plupart des « hit-songs » à succès sont totalement dépourvus de toute valeur artistique ou originalité. Pourtant, les deux types répondent aux besoins spécifiques de ceux qui déploreraient l'absence de l'un ou l'autre. Cela se résout en une question de goût, de formation, de culture musicale et d'autres facteurs qui, je présume, sont importants dans l'utilisation clinique de la musique. Les patients montreront une réponse préférentielle à la musique qu'ils aiment, quels que soient les éléments d'humeur, de tempo, de rythme et de hauteur.

Mais les classifications sont toujours dangereuses. La bonne musique n'est pas nécessairement inutile, et la musique utile n'est pas nécessairement la mauvaise musique. Le principe éternel du *suum cuique* est le principe du goût humain individuel qui peut être classé en catégories approximatives, mais ne peut être standardisé sans l'interférence artificielle de facteurs externes. Le même principe s'applique certainement à la musique comme arme de guérison, où la sélection doit être déterminée par la science mais en même temps nous devons nous efforcer d'adapter les résultats de la recherche aux préférences individuelles des sujets normaux.

Alexandre Tansman
Los Angeles, janvier 1946

# INTRODUCTION

Au milieu du XVIIIe siècle, il y avait à Paris deux hommes éminents dont le conflit était typique de la nature controversée du sujet connu sous le nom de thérapie musicale. L'abbé Nollet fut non seulement l'un des clercs les plus éminents de France de son époque mais aussi le plus célèbre de ses physiciens. Il avait construit d'excellents modèles de machines produisant de l'électricité statique, mais il n'avait aucune formation médicale. À peu près à la même époque, dans toute l'Europe occidentale, le sujet de l'électricité statique était devenu très populaire. Plusieurs médecins affirmaient qu'elle était d'une grande utilité dans le traitement de nombreuses maladies. On disait notamment que cela guérissait la paralysie. L'abbé Nollet écrivit un livre sur l'électricité statique et y racontait les cas qu'il avait guéris grâce à elle. Le médecin le plus éminent de Paris était le docteur Louis, qui était médecin-chef de l'hôpital de la Salpêtrière, le plus grand et le plus connu de France. Le Dr Louis a tenté de répéter les guérisons promises par Nollet mais n'a réussi à obtenir le succès chez aucun des patients qu'il a exposés à l'électricité statique. Il publia le récit de son échec, ce qui excita tellement l'abbé Nollet qu'il écrivit un volume entier condamnant le Dr Louis. Au lieu de réfuter la capacité du Dr Louis à diagnostiquer la paralysie et à évaluer un remède, il a culminé ses remarques avec la question classique adressée au médecin : « L'électricité est-elle votre domaine ? [61]

Pendant de nombreux siècles, les philosophes et les musiciens ont revendiqué la capacité de guérir les maladies mentales grâce à l'utilisation de la musique et ont parfois appelé cette procédure la thérapie musicale. Même si les médecins pourraient bien dire à ces musiciens que la thérapeutique n'est définitivement pas du ressort des musiciens, il est peu probable qu'un musicien ait à ce moment-là le courage de demander aux médecins : « Est-ce votre domaine ?

Une recherche approfondie de l'histoire de la médecine montrera que presque tous les phénomènes et substances ont été essayés à un moment ou à un autre pour tenter de combattre la maladie. Beaucoup de ces agents ont été abandonnés lorsqu'ils sont devenus démodés pour une civilisation plus sophistiquée, ou ont été reconnus comme malsains par une génération plus instruite. Le fait que peu d'entre eux ont été abandonnés simplement en raison de leur inefficacité peut être vu dans le grand nombre de charlatans qui jouissent encore d'une vente active parmi les ignorants, et dans les revendications impossibles de cultes hautement organisés qui continuent de gagner en nombre et en adeptes dans le monde. ce pays. Les programmes de guérison basés sur l'utilisation d'herbes parce qu'elles sont délivrées directement du ventre de la nature, ou l'idée fantaisiste selon laquelle toutes les maladies proviennent de déplacements imaginaires des os de la colonne vertébrale, sont toujours en plein essor. Le système libéral que nous appelons démocratie a non seulement permis leur croissance mais a récompensé leur développement naïf et ingénieux. La révélation des méthodes frauduleuses impliquées ne sert à rien car la mentalité si sensible aux raisonnements déformés réagit mal, voire de manière antagoniste, aux conseils éclairants.

Il existe cependant certaines caractéristiques précieuses des doctrines sur les plantes et la colonne vertébrale qui ont été partiellement ignorées par des médecins réputés en raison de la relation intime entre ces idées et la pratique des cultes.

Malgré une renaissance dynamique du mouvement vers l'établissement d'un système de guérison basé sur la musique, il existe de nombreuses utilisations précieuses de la musique en médecine qui pourraient connaître le même sort à moins qu'une analyse critique de la valeur de la musique en tant qu'agent thérapeutique ne soit réalisée. effectuée avant que la thérapie musicale n'atteigne la distinction douteuse de classification comme culte de guérison.

Ce livre a été écrit dans le but de préserver pour la médecine ce qui est bon pour les patients et dans le but d'aider les musiciens sous surveillance médicale à utiliser la musique pour aider les malades.

Les peuples primitifs du monde entier utilisent encore la musique en association avec les arts de guérison. Cela indique bien sûr qu'ils l'ont probablement utilisé pendant plus de siècles que ce qui est enregistré dans les pages de l'histoire écrite. Les civilisations anciennes associaient fréquemment la musique au divin, mais accordaient moins d'importance à son association avec la guérison. Malgré cela, les Hébreux attribuaient à la musique des pouvoirs curatifs et inspirateurs [7], comme le montre la référence dans l'Écriture : « Et il arriva que lorsque le mauvais esprit de Dieu fut sur Saül, David prit une harpe et joua avec son instrument. main; alors Saül fut reposé et se porta bien, et le mauvais esprit le quitta. [63]

Pour les Grecs à qui nous devons l'origine du mot musique, Apollon était le dieu de la médecine et de la musique, et certains parmi eux suggéraient son utilisation pour les maladies mentales et physiques. « Platon et Aristote affirmaient que le mode dorien était considéré comme viril, énergique et propre au citoyen parfait ; le Phrygien les rendait entêtés et le Lydien incluait la mollesse et le relâchement moral. Les modes d'origine asiatique étaient considérées comme adaptées aux banquets. Cinq cents ans avant la naissance du Christ, Pythagore [11] fonda une confrérie « fondée sur la musique comme moyen de vie et d'élévation morale ». [70] L'influence de la musique était si grande parmi les Grecs qu'il n'est pas surprenant qu'ils l'utilisent dans tous les domaines, y compris dans le traitement médical. La mesure dans laquelle eux et les peuples qui les ont suivis ont utilisé la musique de cette manière sera discutée plus en détail dans le premier chapitre.

Nicholas Murray Butler a déclaré un jour : « Un expert est celui qui en sait de plus en plus sur de moins en moins ». Il y a beaucoup de vrai dans cette définition facétieuse. Dans la civilisation ancienne, les faits connus étaient si peu nombreux qu'il était possible à certains érudits d'acquérir toutes les connaissances disponibles. Les penseurs ou philosophes professionnels avaient une connaissance relativement complète de la biologie, du droit, de la musique, de la médecine, du gouvernement et de la théologie, et pouvaient facilement écrire avec autorité sur la plupart d'entre eux. Certaines des découvertes importantes dans les arts et les sciences ont été faites par des hommes également connus dans des domaines totalement indépendants. Même à l'époque romaine, Celse écrivit une série de livres sur différents sujets, chacun étant si complet qu'il était considéré comme une autorité dans son domaine. Pour ne citer qu'un exemple, les dix volumes sur la médecine furent acceptés comme texte évangélique pendant les mille années suivantes. Même si la société ancienne connaissait la spécialisation, elle reposait sur la volonté individuelle plutôt que sur une formation de base aux faits. Au fil du temps, de plus en plus de connaissances se sont développées jusqu'à ce qu'un seul volume ne puisse plus contenir tous les faits connus d'une science et que ce qui était auparavant des titres de chapitres soit devenu des titres de livres. On peut vraiment dire que la connaissance a progressé lorsque des livres sont écrits sur des sujets sur lesquels une seule phrase aurait pu être écrite auparavant, mais la connaissance a progressé très lentement jusqu'au XVe siècle. La Renaissance dans l'art et la science s'est développée simultanément dans un espace relativement restreint. La renaissance de la médecine et de la musique s'est produite en Italie aux XVe et XVIe siècles. Ici, la musique instrumentale affirmait son importance sur la musique vocale, et les descriptions précises de l'anatomie humaine remplaçaient enfin les vieilles conceptions erronées. Ces deux changements étaient nécessaires au progrès dans ces domaines, mais les progrès ont été lents dans chacun d'eux car les gens sont toujours réticents à accepter de nouveaux concepts. Les individus peuvent être intellectuellement progressistes, mais ils trouvent sécurité et réconfort dans les traditions traditionnelles établies, qu'il s'agisse de musique ou de médecine. Heureusement, les individus ont continué à écrire sur de nouvelles découvertes et dans de nouveaux idiomes, et ce qui était bon a été accepté par quelques-uns dans la même génération et par un plus grand nombre dans les générations suivantes. Mais chaque étape successive était fastidieuse et il était tout aussi difficile d'influencer la nouvelle génération que l'ancienne.

Avec la croissance des connaissances s'est accompagnée une spécialisation accrue et les hommes ont moins compris des sujets sans rapport avec les leurs. À mesure que la masse roulante de l'éducation s'est accrue, elle a rejeté des masses d'informations tangentielles qui s'éloignaient les unes des autres, et ce n'est que relativement récemment que ces lignes divergentes ont commencé à se rapprocher et à s'aider mutuellement. La musique, l'art, ont trouvé le besoin de l'acoustique, de la science. L'industrie a fini par accepter l'importance de la couleur et de la forme, et le gouvernement a été contraint d'utiliser les mathématiques. Il fut un temps où de telles combinaisons auraient été considérées comme fantaisistes ; maintenant ils sont indispensables.

La musique et la médecine ont eu des contacts occasionnels à travers les âges, mais ni l'une ni l'autre n'ont appelé l'autre à l'aide. Les musiciens et les médecins sont des personnes indépendantes qui ne tolèrent aucune ingérence extérieure. Il y a des gens des deux côtés qui protesteraient contre leur mariage, non pas tant par souci du bonheur conjugal que par souci de progéniture éventuelle et de parents indésirables. La médecine n'a jamais refusé d'essayer quoi que ce soit qui puisse soulager la souffrance ou guérir la maladie, mais elle a ignoré et continuera d'ignorer les affirmations infondées ou les remèdes secrets. Pour être acceptables, les mesures thérapeutiques doivent être applicables à tous ceux qui souffrent et les ingrédients doivent être disponibles pour tous les praticiens de la médecine qualifiés. Les médecins insistent pour que les modalités thérapeutiques soient données sous leur direction et se réservent le droit d'évaluer leurs résultats. Très peu de médecins s'opposent à l'utilisation de la musique pour et par leurs patients, mais beaucoup s'opposent à l'appellation de thérapie musicale. Si le musicien est enflammé par le désir de faire de la musique pour ses patients, il n'est pas nécessaire d'insister pour qu'elle soit étiquetée autrement que comme de la musique, à condition bien sûr qu'il s'agisse de musique. Les médecins ne découragent pas les actes de gentillesse ou l'attention personnelle portée à leurs patients. Ils veulent qu'ils aient une literie propre et des oreillers moelleux, mais insistent pour que de telles procédures soient qualifiées de soins infirmiers et non de thérapie, quelle que soit la joie qu'elles apportent au patient. Il existe de nombreuses utilisations de la musique en médecine et notamment dans les hôpitaux. Quand on considère le nombre et la variété des hôpitaux de ce pays, il est difficile d'imaginer un type de musique qui ne puisse trouver sa place dans au moins un d'entre eux, mais, pour des raisons qui semblent plus évidentes aux musiciens qu'aux médecins, la musique a a été utilisé dans le passé presque exclusivement pour les patients souffrant de maladies mentales. Au cours des dernières décennies, les hôpitaux ont accordé une attention croissante à la musique et, dans certains cas, ont développé des programmes impressionnants.

En 1944, le Conseil national de la musique envoya des questionnaires à plus de trois cents hôpitaux traitant des troubles psychiatriques et reçut des réponses de deux cents d'entre eux. Un résumé de l'enquête a été publié par eux sous le titre « L'utilisation de la musique dans les hôpitaux pour maladies mentales et nerveuses », et certaines des informations contenues dans cette brochure intéresseront ceux qui considèrent cet aspect de la musique comme une carrière. Presque tous les hôpitaux psychiatriques utilisent la musique sous une forme ou une autre. Dans la moitié d'entre eux, les patients participent à la musique de manière vocale ou instrumentale. Dans de nombreux hôpitaux, l'usage de la musique augmente et dans quelques-uns, il est répandu. Environ un quart des hôpitaux disposent de crédits budgétaires pour la musique, mais ces crédits ne sont pas importants à l'heure actuelle.

La plupart des hôpitaux recherchent des musiciens parmi les membres de leur personnel régulier ; mais quelques-uns ont consulté des organismes musicaux. Les musiciens formés pourraient penser que les hôpitaux se tourneraient plus uniformément vers les écoles de musique pour ce type d'assistance, mais pour la plupart, peu d'écoles de musique ont ouvertement encouragé l'étude de ce sujet, en dépit du fait que la moitié de tous les hôpitaux interrogés ont déclaré qu'ils pourraient avoir recours à du personnel qualifié supplémentaire.

principales qualifications que devraient posséder, selon elles, les musiciens des hôpitaux psychiatriques sont peut-être plus intéressantes pour ceux qui souhaiteraient devenir aides- musiciens dans les hôpitaux psychiatriques. Il faut toutefois rappeler que les questionnaires soumis aux hôpitaux ne reçoivent pas de réponses uniformes et que toute enquête de ce type doit être interprétée avec prudence. Lorsque les questionnaires sont envoyés aux hôpitaux, ils passent généralement d'abord entre les mains du directeur ou du surintendant, qui réagit en tant qu'individu et non selon un modèle établi. L'un remettra le papier à son secrétaire pour réponse ; un autre le transmettra à un médecin, une infirmière ou un ergothérapeute. Dans de nombreux cas, les réponses seront remplies par le musicien de l'hôpital et parfois, si le directeur est suffisamment intéressé, il pourra y répondre lui-même. Chaque personne à qui le questionnaire est soumis peut transférer la charge de répondre à un subordonné, si celui-ci est trop occupé pour le remplir lui-même. La signature qui apparaît au bas du questionnaire retourné est généralement une signature d'approbation plutôt que de paternité. Les enquêtes doivent indiquer les titres des répondants. Celui-ci ne l'a pas fait. Même si tel était le cas, il faudrait envisager les possibilités évoquées ci-dessus. Malgré cela, les qualifications énumérées seront examinées en fonction de l'aide qu'elles pourront offrir au futur musicien hospitalier.

Une majorité a convenu qu'une connaissance de la musique était nécessaire et que non seulement toutes les phases de la musique étaient spécifiées, mais que la capacité de faire des sélections intelligentes de musique et d'utiliser des équipements de sonorisation commerciaux était recommandée par certains. L'expérience dans l'enseignement de la musique, en particulier du piano, figurait en bonne place sur la liste des réalisations souhaitées, et la faculté de diriger le chant était encore plus élevée.

De nombreux hôpitaux ont souligné l'importance d'une « personnalité saine », mais il s'agit d'un terme qui défie toute définition appropriée. Cependant, les qualités suivantes ont été citées : stabilité émotionnelle, patience, raffinement, convivialité, calme et sens de l'humour. Il existe d'autres recommandations que le travailleur doit posséder : imagination, tact, considération, énergie, persévérance, sincérité, coopération, adaptabilité et compréhension de la nature humaine. Dans le dernier chapitre de ce travail, une approche plus réaliste de ce sujet sera proposée.

Une dernière précision est mentionnée, qui doit être prise très au sérieux, à savoir que le musicien qui travaillerait avec des malades mentaux devrait avoir « un besoin certain d'aider les malades mentaux ». En complément, il devrait avoir ou recevoir une connaissance pratique des procédures hospitalières et de la prise en charge du patient psychiatrique.

D'après ces commentaires des autorités hospitalières et les tendances récentes dans les institutions à travers le pays, il est raisonnable de supposer que la demande d'aides-musiciens hospitaliers correctement formés va augmenter. Certains hôpitaux voudront un ou plusieurs travailleurs à temps plein, et d'autres voudront un travailleur à temps partiel. Cela signifie que certains musiciens peuvent compléter leurs revenus en obtenant une rémunération partielle des hôpitaux de leur communauté, la rémunération offerte variant en fonction de la taille de l'hôpital, de sa dotation et de ses revenus. Ce ne sera jamais une source de richesse pour un musicien, mais cela peut être un palliatif dans les premières années difficiles ou un poste continu pour ceux qui recherchent la sécurité d'un emploi régulier.

Certaines personnes occupent des postes pour lesquels leur seule qualification est celle d'influence ; mais dans la majorité des cas, les personnes qui ont déployé le plus d'efforts pour obtenir une formation supérieure seront celles qui occuperont les meilleures positions. L'étudiant en musique hospitalière doit se préparer à son travail avec autant de sérieux qu'à tout autre aspect de la musique. Quelles que soient ses autres qualifications, il doit bien entendu être musicien, et un diplôme en musique est précieux ; en fait presque indispensable. La capacité de jouer, même modérément bien, d'un deuxième instrument est utile. L'attrait universel et les avantages du piano rendent importante sa connaissance pratique. L'assistant musical doit être capable soit de jouer du piano à vue, soit d'étudier l'un des systèmes rapides d'enseignement du piano, car il sera appelé non seulement à accompagner le chant d'un groupe, mais aussi à assister des artistes en visite ou des patients talentueux.

Bien qu'une base en musique classique fasse partie de toute bonne formation musicale, un musicien qui refuse de reconnaître l'importance de la musique populaire dans la vie américaine n'est pas fait pour ce travail. S'il a une aversion positive pour la musique populaire, il devrait se tourner vers d'autres domaines. Il n'est pas nécessaire qu'il soit capable de jouer tous les types de jazz moderne, mais il doit être familier avec le jargon courant du jazz et apprendre les distinctions qui existent entre ces soi-disant formes musicales. Ses goûts musicaux ne doivent pas nécessairement être catholiques, mais son attitude envers les goûts des autres doit être large d'esprit.

Les progrès dans la reproduction mécanique de la musique progressent à un rythme très rapide, de sorte que les aspects technologiques de la musique devraient être examinés rapidement. Une connaissance pratique des tourne-disques, des coupe-disques, des aiguilles, du contrôle de la tonalité et de l'amplification n'est pas difficile à acquérir. Cela peut faire partie des tâches d'un assistant musical de superviser les coupures de disques et un système de sonorisation. Dans certains hôpitaux, la bibliothèque d'enregistrements musicaux et de littérature peut être importante. Une étude de bibliothéconomie musicale permettra de gagner beaucoup de temps, et l'étude des systèmes de classification et de classement deviendra une partie supplémentaire du travail d'un assistant musical.

Le plus souvent, un musicien aborde un problème avec plus d'émotion que d'analyse, et cela devient d'une grande importance lorsque le problème est un patient. Il y a toujours eu et il y aura toujours des médecins qui, avec une conviction honnête ou pour une plus grande gloire, s'allient anxieusement à tout ce qui est nouveau ou sensationnel. C'est pourquoi les musiciens passionnés par la conviction que la musique est nécessaire à la santé n'auront aucune difficulté à trouver des collaborateurs dans les rangs de médecine. Les musiciens doivent être avertis du fait que leurs efforts sincères ne peuvent aboutir qu'à discréditer la musique en tant qu'agent thérapeutique. En conséquence, son acceptation comme base de ses mérites pourrait être injustement retardée en raison de l'antagonisme suscité par des réclamations extravagantes faites en son nom.

On a beaucoup écrit sur la musique en tant qu'agent thérapeutique et, récemment, des écoles et des organisations entières se sont consacrées à la thérapie musicale. Malgré la grande tentation d'adhérer à une théorie à venir, peu de médecins se sont associés à ces efforts, et ce qui est plus concluant, aucun médecin de renommée nationale ne s'est manifesté pour approuver le terme « thérapie musicale » appliqué à la manipulation de patients psychiatriques.

L'usage de la musique ne doit cependant pas se limiter aux hôpitaux psychiatriques. Ceux qui ont joué de la musique pour des patients mentaux sont enthousiasmés par les réactions individuelles dont ils ont été témoins. La nature de cette réponse est un intérêt ou une joie éveillé. La joie est un symptôme sain que tous les patients peuvent ressentir et cette joie devrait être accessible aux patients de tous les hôpitaux. De nombreuses autres phases de la musique sont adaptables à un usage hospitalier et ce livre est écrit pour décrire les nombreuses approches possibles et définir les bases scientifiques de certaines d'entre elles.

Parmi les ouvrages les plus connus sur la musicothérapie, certains, comme celui d'Hector Chomet, sont construits autour des effets observés chez des patients individuels ; d'autres, comme les écrits d'Eva Vescelius, sont de purs fantasmes nés d'une émotion débridée. Car la science n'a été appliquée qu'avec l'apparition des recherches psychologiques, lorsque le sens commun a commencé à émerger d'un chaos de vœux pieux. L'une des premières études fiables sur le sujet a été réalisée dans la *Psychologie de la musique* de CM Diserens. Depuis la parution de cet excellent ouvrage, les passages exposant ses opinions ont été souvent cités, souvent sans être mentionnés. Son chapitre sur la thérapeutique musicale est recommandé pour son histoire scientifique et ses évaluations sobres des faits et des fantaisies.

Ce livre a été écrit pour les musiciens qui souhaitent apprendre comment ils peuvent travailler avec des médecins pour des patients. La terminologie technique a été réduite autant que possible à des termes simples pour une meilleure compréhension, mais la coopération ne peut être assurée que si le musicien est prêt à oublier ses idées préconçues et à se conformer aux décisions du médecin, qui n'est peut-être pas très familier avec la musique. mais il connaît les hôpitaux et les patients.

L'approche sans émotion de ce sujet est d'origine récente. Peu de choses ont été écrites dans cette veine, et ce livre ne prétendra ni à l'originalité ni à la perfection. Nous espérons qu'il servira de guide pour des études plus approfondies et qu'il aidera ceux qui souhaitent s'engager dans cette entreprise encore inexplorée.

Conscient que peu de sources d'information sont disponibles dans ce domaine pour les musiciens, et que certains musiciens pourraient un jour ressentir le besoin ou éprouver le besoin de participer à de tels travaux, le New England Conservatory of Music a invité l'auteur à donner une série de conférences à ses étudiants sur ce sujet. À la fin du cours, ils ont décidé de proposer ce plan à ceux qui souhaiteraient ultérieurement se référer à son contenu.

En préparant cet ouvrage, l'auteur a eu la chance d'avoir des entretiens personnels avec certains des plus grands musiciens, musicologues et psychologues musicaux du pays. Bien qu'aucune déclaration figurant dans ce volume ne doive être interprétée comme l'opinion de l'un d'entre eux, nous souhaitons exprimer nos remerciements aux personnes suivantes pour leur volonté d'échanger des idées avec l'auteur : Dr Serge Koussevitsky, M. Igor Stravinsky, Dr .Harold Spivacke, Dr James Mursell et Dr Carroll Pratt.

L'auteur souhaite exprimer ses remerciements à Mme Margaret E. Gurney et Miss Ida Evans pour leur aide dans la préparation du manuscrit.

L'auteur souhaite exprimer sa profonde gratitude à M. Clifton Joseph Furness, directeur des matières académiques au New England Conservatory of Music, pour sa supervision dans l'édition de ce livre.

SL

---

### NOTES DE BAS DE PAGE :

*[J.E.] Pythagore passa un jour devant une forge et fut frappé par la beauté des deux sons qu'il entendait en sortir. Il entra dans le magasin, étudia attentivement les sons et constata que les deux notes étaient séparées d'une octave. Cette observation l'a stimulé à une étude détaillée de la musique qui a conduit à sa philosophie musicale. Il croyait que toute la nature et toute connaissance étaient contenues dans des nombres harmoniques et que le monde avait été créé dans un accord harmonieux musical. Il a inventé un quatuor sacré de nombres harmoniques pour expliquer les phénomènes de la vie. Mais Roussier croyait que Pythagore avait adapté son système à celui des Chinois.* [70]

---

# CHAPITRE PREMIER
## HISTOIRE DE LA MUSIQUE EN MÉDECINE

« La musique exalte chaque joie, apaise chaque chagrin,
chasse les maladies, adoucit chaque douleur, soumet la rage du poison et de
la peste, et c'est pourquoi les sages des temps anciens adorent une
puissance de physique, de mélodie et de chant. »

« *L'art de préserver la santé* »
de John Armstrong (1709-1779)

Dans de nombreux domaines d'activité, il arrive parfois qu'un érudit apporte
non seulement une contribution personnelle à la connaissance et à
l'avancement de son sujet, mais résume si bien les informations acquises
précédemment que son travail devient à la fois une étape importante et un
phare. Dans le domaine de la musique, un tel homme fut Charles Burney, qui
commença à publier une *Histoire générale de la musique* en 1776. Ce livre était si
approfondi et si scientifiquement critique que sa conception est aussi
moderne que demain. Après avoir énuméré tous les exemples de musique
comme agent thérapeutique, il conclut :

« Pourtant les hommes se plaisent au merveilleux ; et beaucoup d'admirateurs
fanatiques de l'Antiquité, oubliant que la plupart des effets extraordinaires
attribués à la musique des anciens avaient leur origine dans des inventions
poétiques et des allégories mythologiques, ont cédé à la crédulité jusqu'à
croire, ou faire semblant de croire, ces fabuleux récits, pour les opposer à la
musique moderne, qui, selon eux, doit rester dans un état bien inférieur à
l'ancienne, jusqu'à ce qu'elle puisse opérer tous les effets qu'on a attribués à
la musique d'Orphée, d'Amphion et d'autres merveilles. bardes en activité.
[15]

Il est bon de commencer une étude de la musique en médecine avec
l'enthousiasme retenu de Burney, de peur de tomber dans l'erreur de
construire d'impossibles temples de guérison sur la glace mince de
prétentions non vérifiées. Nous commencerons par les temps préhistoriques.

L'utilisation de la musique contre la maladie est aussi ancienne que la musique
elle-même. En fait, les débuts de la musique sont intimement associés à la
guérison. Les vœux pieux des peuples primitifs faisaient appel à la magie, et
la magie est presque universellement associée aux mots, aux mots chantés,
dans les incantations rythmiques. Chateaubriand croyait que le chant était le
fruit des prières. Chez les peuples primitifs, le guérisseur cumulait les
fonctions de prêtre, de médecin et de magicien, et bien que ces trois fonctions
soient étroitement liées, leurs fonctions étaient parfois dissociées. Par
exemple, il y avait des chants spéciaux pour invoquer des phénomènes

naturels, pour des activités de groupe et pour accompagner des rituels de guérison. « La croyance en l'efficacité de la magie musicale est l'un des faits les plus importants de l'histoire de la civilisation. » [19]

Bien qu'il n'existe aucune trace, il est juste de supposer que les peuples véritablement primitifs d'aujourd'hui n'ont pas sensiblement changé par rapport à leurs anciennes coutumes et qu'ils ressemblent dans une certaine mesure au statut des hommes préhistoriques. L'universalité de certaines coutumes populaires parmi les tribus largement dispersées des peuples primitifs donne aujourd'hui de la validité à cette théorie.

Pour de telles études, nous n'avons pas besoin de chercher plus loin que notre propre continent. Même si certaines pratiques magiques ont été interdites par la loi, les Indiens d'Amérique comptent parmi leurs tribus ceux qui se souviennent et, dans une certaine mesure, utilisent encore la musique pour guérir. Plusieurs chercheurs se sont intéressés à cette étude, mais le principal d'entre eux est Frances Densmore qui a analysé et enregistré les chants de nombreuses tribus indiennes. Chez les Sioux Teton, elle a découvert [21] que les malades faisaient appel au guérisseur tribal qui réfléchissait au cas et prétendait trouver le remède dans les rêves. "Tout traitement des malades était conforme aux rêves." Le patient était ensuite placé dans une tente sombre et le guérisseur chantait sa chanson de rêve, ainsi que des chants adressés aux pierres sacrées. L'utilisation d'herbes magiques pourrait accompagner la chanson. Un exemple d'une des chansons utilisées pour soigner les blessures contient le texte suivant :

« Regardez toutes ces choses,
quelque chose qui ressemble à un élan, vous voyez, vous vivrez »

Des mots comme ceux-ci ont une certaine sophistication dont nous pouvons supposer qu'il s'agit d'un développement plus récent.

Pendant de nombreux siècles, les peuples primitifs ont eu des conceptions différentes de la nature exacte de la maladie, mais pour beaucoup d'entre eux, cela évoque un lien entre un esprit démoniaque et des contre-esprits. De nombreuses méthodes étaient employées pour chasser les mauvais esprits. L'idée selon laquelle la musique était efficace dans ces cas-là a persisté pendant des siècles. Martin Luther a dit : « Le diable est un esprit saturnien et la musique lui est odieuse et l'en éloigne. »

Densmore souligne que chez les Iriquois [22] le mot *orenda* est utilisé pour désigner l'esprit universel qui les habite. Rien n'était considéré par les Indiens comme surnaturel, dans notre usage du terme, mais de nombreux Indiens désiraient un *orenda* plus fort que le leur. Lorsqu'un guérisseur commençait à soigner une personne malade, le résultat dépendait de la puissance de son *orenda* . *Orenda* pourrait être mise en avant en chanson. Ceux qui possédaient *un orenda* suffisamment fort pour faire des choses merveilleuses étaient appelés guérisseurs. Ils étaient dévoués à leur travail et la sécurité, le succès et la santé de leur peuple dépendaient de leurs efforts.

En complétant son analyse des chants de médecine indienne, Densmore conclut qu'ils suggèrent « la confiance que le guérisseur ressentait en son propre pouvoir et qu'il souhaitait imprimer dans l'esprit de ses patients ».

Wallaschek [79] énumère de nombreux exemples d'utilisation curative de la musique parmi les tribus primitives. Chez les Wasambara d'Afrique de l'Est, le médecin arrive avec une petite cloche à la main qu'il fait sonner de temps en temps. Le patient s'assoit devant lui par terre et le médecin commence à parler d'un ton chantant : « Dabre, dabre ». Il répète cela plusieurs fois et le patient chante une réponse simple. En Australie, Wallaschek a trouvé un médecin tribal secouant un paquet de roseaux, une action autrement utilisée lors d'une chanson pour marquer le pas. A Bornéo, les indigènes exécutent des récitatifs et des chants afin de capturer l'âme du patient qui est censé s'être enfui devant le mauvais esprit. Les Indiens Wallawalla de ce pays croient que le chant influence la guérison d'un patient, et tous les convalescents sont invités à chanter plusieurs heures par jour. En Colombie-Britannique, le médecin chante lorsqu'il rend visite au patient, tandis qu'un chœur de personnes entonne une chanson à l'extérieur de la maison.

Avec l'aube de la civilisation, l'activité intellectuelle est devenue plus progressiste, mais les traditions populaires ont la vie dure.

« Les anciens Égyptiens appelaient la musique « physique pour l'âme » et avaient foi en ses vertus curatives. On peut supposer que les incantations présentées dans les papyrus médicaux devaient également être émises avec la voix appropriée et contenir donc un élément de musique. Les Perses considéraient la musique comme une expression du bon principe Ahura-Mazda et auraient guéri diverses maladies grâce au son du luth » [24]. « Les Lacédémoniens étaient d'accord avec les Égyptiens et confinaient les possesseurs de musique à une seule famille, et leurs prêtres, comme ceux d'Égypte, étaient instruits de la médecine et de la musique, et initiés aux mystères religieux » [28].

Les valeurs martiales et morales de la musique étaient appréciées par la plupart des premières civilisations. Confucius et Platon croyaient que la musique était le moyen le plus sûr de réformer les mœurs publiques et de les maintenir à un niveau élevé. [25] Bien que de nombreuses histoires sur les effets de la musique citent l'Écriture comme preuve de l'utilisation hébraïque de la musique dans la guérison, le passage cité [63] est sujet à diverses interprétations. Il dit simplement qu'après avoir écouté David jouer de la harpe, Saül était « rafraîchi et en bonne santé », cela pourrait faire davantage référence à une perte de fatigue qu'à la guérison d'une maladie.

Les grands poètes ont toujours chanté les louanges de leur sœur muse bien-aimée. Chez Homère, il y a une histoire racontant comment le flux de sang de la blessure d'Ulysse fut arrêté, charmé par l'utilisation de la musique. [13] Or, il est fort possible que le sang du célèbre guerrier se soit coagulé dans sa blessure lors d'un intermède musical, mais alors, toutes les blessures, sauf celles impliquant une grosse artère, cesseront de saigner au bout d'une vingtaine de minutes. Homère a également souligné la bonne musique et le chant comme moyen d'élever l'esprit et de surmonter la dépression de l'âme ou de l'esprit, l'agonie, l'angoisse, la colère et le chagrin. Il donne comme exemple l'histoire dans laquelle Chiron guérit les malades avec mélodie. [57] Caton [13] parlait d'articulations luxées qui étaient soulagées par l'harmonie du son. Nous ne pouvons pas être sûrs de la perspicacité diagnostique de l'observateur, mais pour les personnes actives, le problème articulaire traumatique le plus courant est un genou « bloqué ». La plupart des genoux dont le cartilage est perturbé se débloqueront après une période de repos relativement courte. Dans chacun de ces cas, la musique était une coïncidence environnementale. De telles observations ne commenceraient à revêtir une valeur médicale scientifique que si elles pouvaient être répétées plusieurs fois dans des conditions identiques ou similaires. Ils n'étaient pas.

Nous pouvons maintenant revenir aux épisodes relatés par Burney dans son commentaire. Martianus Capella, un ancien auteur sur la musique, assure que « j'ai souvent guéri les troubles de l'esprit ainsi que du corps avec la musique » [58]. Il affirmait également que les Esclépiades, les prêtres de la médecine reconnus par l'État, guérissaient la surdité au son de la trompette. "C'est vraiment merveilleux !", dit Burney, "que le même bruit qui provoquerait la surdité chez certains puisse en être spécifique chez un autre." Dans le livre *De Musica* de Plutarque, il est raconté que Thaletas le Crétois délivra les Lacédémoniens de la peste par la douceur de sa lyre.

« Thaletas, un célèbre poète lyrique, est apparu sur ordre d'un oracle et toutes les chansons qu'il chantait étaient des prières aux dieux. La maladie a probablement atteint son paroxysme de malignité avant son arrivée, et a commencé à s'atténuer avec son arrivée ; mais sa disparition a été attribuée à la musique de Thaletas.

De nombreux autres remèdes sont cités. Xénocrate employait le son des instruments pour guérir les maniaques ; et Appolonius Dyscolos affirmait que la musique était un remède souverain contre l'abattement des esprits et les troubles de l'esprit, et que le son d'une flûte guérissait l'épilepsie et la goutte sciatique. Athénée rendit le remède contre la goutte plus sûr en jouant de la musique sur le mode phrygien, tandis qu'Aulus Gellius insistait pour que la musique soit douce et douce, à l'opposé du Phrygien furieux. Coelius Aurelianus a introduit un concept qui est réapparu à plusieurs époques très éloignées. Il l'appelait *loca dolentia decantare* , ou enchanter les lieux désordonnés. Il a affirmé que la douleur était soulagée en provoquant une vibration dans les fibres de la partie affectée. Il ne fait aucun doute que la musique provoque une vibration physique de l'air, mais la force que de telles vibrations pourraient exercer sur la plupart des tissus est négligeable. D'autres auteurs ont recommandé que l'instrument soit tenu contre la partie à traiter pour une transmission directe des vibrations, mais si une excitation physique est souhaitée, cela peut être réalisé de manière plus uniforme par des applications connues sous le nom de manipulation ou de massage. De telles manipulations sont connues pour être utiles dans certaines conditions, mais non curatives dans des conditions douloureuses telles que la sciatique.

Néarque, qui accompagna Alexandre le Grand dans ses conquêtes, rapporta qu'en Inde le seul remède contre la morsure d'un serpent était un chant [70]. Galien, l'un des médecins les plus solides de la Rome antique, recommandait la musique comme antidote aux morsures de vipères et de scorpions [7], et pendant des siècles, la musique fut recommandée pour la morsure d'une tarentule. Au XVIIe siècle, trois médecins nommés Mead, Burette et Baglivi expliquèrent cet usage de la musique. On disait que cela jetait le malade dans une violente crise de danse qui lui faisait transpirer abondamment et avec elle le poison. Puisque la transpiration est constituée d'eau et de quelques sels simples, une telle activité augmenterait la concentration du poison dans le sang circulant, et ni l'explication ni le traitement ne sont acceptables [28]. La musique n'était pas seulement recommandée pour les piqûres de reptiles et d'insectes ; Desault le recommande dans le traitement de l'hydrophobie [23]. Toutes les morsures ne sont pas venimeuses et il est probable que dans le cas des deux patients mentionnés, le remède était plus efficace contre la peur que contre la morsure.

Les effets de la musique sur l'esprit étaient trop évidents pour échapper aux anciens. Lorsque les armées grecques entraient en campagne, elles étaient accompagnées des meilleurs musiciens, qui, par leurs accents martiaux, inspiraient aux soldats une sorte de courage mécanique jamais éprouvé par leurs ennemis.


La distinction entre santé mentale et maladie n'était pas avancée parmi les anciens, mais ils reconnaissaient des variétés de folie telles que le délire, la mélancolie et la manie. De nombreux médecins recommandaient la musique dans le traitement des maladies mentales, et Quarin parlait d'un seul cas d'épilepsie guéri par la musique. À l'exception de l'épilepsie sévère, de nombreux patients souffrant des symptômes portant ce nom n'ont que des crises occasionnelles et celles-ci disparaissent spontanément, faisant de la musique une simple coïncidence.

Celsus, qui était une grande autorité médicale non seulement à son époque mais aussi au cours des siècles suivants, a écrit à propos des malades mentaux : « Nous devons faire taire leurs rires démoniaques... et apaiser leur tristesse par l'harmonie, le son des cymbales et autres instruments bruyants. » [16]. Arétée, un autre grand médecin de la Rome antique, prescrivait la musique pour « le corybantisme, une maladie de l'imagination » [24]. Le grand médecin hollandais Boerhaave [11] disait : « Je ne sais si tout ce qu'on nous dit des charmes et des enchantements ne pourrait pas être attribué aux effets de la musique, dans laquelle les anciens médecins étaient bien versés. » Des références ont continué à apparaître concernant la relation magique entre musique et guérison. Robert Grosseteste (1175-1253 après JC) disait que les maladies et même les blessures et la surdité pouvaient être guéries par la musique basée sur une connaissance de l'astrologie et des mathématiques [75]

.

---

Au début de l'ère chrétienne, la plupart des arts étaient soutenus par l'Église et, par conséquent, les plus belles œuvres de peinture et de musique n'étaient accessibles à l'homme moyen que dans les lieux de culte. Il faudra attendre la Renaissance pour que la musique sérieuse acquière un caractère profane. Jusqu'alors, la musique était largement identifiée à la religion et, en tant que telle, était considérée comme ayant une influence sur l'âme. Bacon a avancé comme règle de santé que les gens « recréent leur esprit chaque jour avec un morceau de bonne musique ». [13] Il est allé plus loin dans son *Sylva Sylvarum* .

« Étant donné que l'esprit est un agent si puissant dans une maladie particulière, je ne vois aucune raison pour laquelle l'efficacité de la musique ne devrait pas être testée dans de nombreux troubles qui surviennent dans la constitution animale ; car la musique compose le mouvement irrégulier des esprits animaux et apaise plus particulièrement la passion démesurée du chagrin et du chagrin. [7]

Les qualités reposantes et joyeuses de la musique ont été louées par Shakespeare :

"Mais la douce musique peut soigner les esprits malades,
arracher de la mémoire un chagrin enraciné, effacer les troubles écrits du cerveau, et avec son doux antidote inconscient, purifier le sein plein de toutes les choses périlleuses qui pèsent sur le cœur."

Henry Beacham a écrit dans son « *The Compleat Gentleman* » en 1634 que

« L'exercice de la musique prolonge grandement la vie, en remuant et en ravivant les esprits, en entretenant avec eux une secrète sympathie ; d'ailleurs l'exercice du chant ouvre la poitrine et les trompettes ; c'est un ennemi de la mélancolie et du découragement de l'esprit, que saint Chrysostome appelait avec raison « le bain du diable ». Outre le bienfait susmentionné du chant, c'est une aide très efficace pour une mauvaise prononciation et un langage distinct, ce que j'ai entendu confirmer par de nombreux grands Divins ; oui, j'ai connu en moi-même de nombreux enfants qui avaient été aidés dans leur bégaiement de parole par cela seul.

Au Moyen Âge, les connaissances médicales ont été très peu enrichies, mais à la Renaissance, les médecins sont devenus plus progressistes et plus articulés. Parmi eux se trouvait le célèbre Willis qui disait que

« La musique n'est pas seulement un fantasme délicieux, mais elle dissipe la tristesse du cœur en deuil ; et cela apaise aussi les passions enfiévrées et les agitations excessives de la poitrine. [81]

Une anecdote citée par Burney est caractéristique de l'utilisation de la musique comme aide à la guérison. Farinelli était l'un des grands chanteurs d'opéra de son époque et sa renommée était également grande dans toute l'Europe occidentale et en Angleterre. L'un des pays qu'il a visités était l'Espagne. « On a souvent raconté, et on a généralement cru, que Philippe V., roi d'Espagne, étant pris d'un *abattement total* qui le faisait refuser de se raser et le rendait incapable d'assister au conseil ou de traiter les affaires de l'État ; la reine, qui avait essayé en vain tous les remèdes communs susceptibles de contribuer à sa guérison, résolut de faire une expérience des effets de la musique sur le roi, extrêmement sensible à ses charmes. Farinelli fut convoqué et, à son arrivée, Sa Majesté fit en sorte qu'il y ait un concert dans la salle attenante à l'appartement du roi, au cours duquel le chanteur interprète une de ses chansons les plus captivantes. Philippe parut d'abord surpris, puis ému ; et à la fin du deuxième air, fit entrer le virtuose dans l'appartement royal. Il le combla de compliments et de caresses et lui demanda comment il pourrait récompenser suffisamment de tels talents, l'assurant qu'il ne pouvait rien lui refuser. Farinelli, préalablement instruit, pria seulement que Sa Majesté permettrait à ses serviteurs de le raser et de l'habiller, et qu'il s'efforcerait de comparaître au conseil comme d'habitude. Dès lors la maladie du Roi céda la place à *la médecine* , et le chanteur eut tout l'honneur de la guérison. « Le roi », selon le *London Daily Post* du 26 septembre 1736, « a réglé une pension de 3 150 livres sterling par an au signor Farinelli, pour l'engager à rester à la cour ».

Un grand nombre de références aux XVIe et XVIIe siècles attestent des merveilleuses vertus de la musique contre les troubles mentaux. Wilhelm Albrecht [11] a rapporté un patient souffrant de mélancolie. De nombreux remèdes avaient été essayés, lorsqu'en dernier recours le médecin demanda qu'on joue une certaine *ritournelle* . Dès que le patient l'entendit, il se mit à rire de toutes ses forces et sauta hors de son lit complètement guéri. Plus intéressante est l'observation de Champlain [17] qui écrivait à son retour d'Amérique : « C'est la coutume en Amérique, lorsqu'on est malade, de le divertir avec de la musique forte, pour éviter de ruminer sur son état et ainsi aider à retrouver la santé. »

Mozart n'a pas été le premier à qualifier la flûte de « magique ». C'est à Démocrite qu'on attribue l'histoire de l'abolition de la peste avec sa musique. Jean-Baptiste Porta affirmait qu'on pouvait guérir toutes les maladies avec la musique, à condition d'utiliser une flûte faite du bois de la plante qui était un spécifique connu de la maladie à traiter. Ainsi, on pouvait guérir les maladies mentales avec des flûtes faites de tiges d'hellébore. On pouvait redonner de la vigueur aux impuissants avec des flûtes faites de tiges d'orchidées, et l'évanouissement pouvait être guéri en jouant sur une flûte en bois de cannelle. [67]

Philippe Pinel, le médecin reconnu pour avoir été le premier à accorder un traitement humain au malade mental, a rapporté au moins un cas d'utilisation de la musique dans le traitement de l'épilepsie.

« Durant les attentats, l'ouïe, loin d'être amortie, semblait avoir acquis plus d'acuité. Un musicien habile jouait du violon aux côtés de la patiente pendant son paroxysme. Bien qu'elle paraisse alors insensible au charme de la musique, elle en fut si fortement affectée, qu'elle avoua, après avoir repris conscience, que la musique l'avait plongée dans un état de ravissement.

La littérature regorge de nombreux récits sur l'utilisation de la musique par des médecins de moindre importance. Sauvages [18] mentionne un jeune homme qui avait des accès de fièvre intermittente accompagnés de violents maux de tête qui ne pouvaient être apaisés que par le son d'un tambour joué à haute voix. Ce même patient n'aimait pas la musique lorsqu'il était en bonne santé. Des cas de cette nature peuvent être expliqués sur la base de la contre-irritation, dans laquelle une nouvelle perturbation superposée à une ancienne peut la contrecarrer.

Au XVIIIe siècle, Brocklesby [13] a résumé la littérature connue sur la musique en relation avec la santé et la maladie et, compte tenu du statut de la médecine à son époque, a fait une juste évaluation de sa valeur.

Au siècle dernier, Hector Chomet [18], médecin parisien, s'est intéressé à la musique et à ses applications à la maladie. Il écrivit un court article exposant ses vues, qu'il devait remettre à un groupe de médecins à Paris, mais fut à plusieurs reprises rebuté par ses collègues et par les bouleversements politiques. A chaque fois, avant de replacer son papier sur l'étagère, Chomet procédait à des ajouts. Ce travail est devenu la chose importante dans sa vie, et quand il n'a plus pu se contenir, il a publié un livre sur le sujet qui témoignait d'une recherche considérable mais qui contenait malheureusement autant d'invention que de faits. Non content de l'existence connue et prouvée du sang et de la lymphe comme principaux fluides corporels, il en ajouta un autre : le « fluide sonore », qui était influencé en bien ou en mal par les vibrations des sons musicaux.

Vers le tournant du siècle, Eva Vescelius, une femme d'un grand charme, d'une grande beauté et d'une grande persévérance, a réintroduit l'utilisation de la musique pour traiter les maladies mentales sous la direction d'un médecin. Il ne fait aucun doute qu'elle a apporté une grande joie à de nombreux patients, mais il faut faire la différence entre l'attention personnelle et la thérapeutique. Dans ses travaux [78] sur le sujet, on peut lire des récits enthousiastes de performances passées, mais malheureusement ses explications et ses affirmations sont de pures fantaisies, à savoir :

« En cas de fièvre, de pouls élevé, d'hystérie, arrêtez l'attention, jouez doucement et en rythme pour ramener le pouls et la respiration à la normale. Des tests avec des instruments prouveront que la musique y parvient. Ne passez pas trop brusquement d'une clé à l'autre ; modulez et faites une pause et laissez l'impression musicale être absorbée. Sélectionnez des chansons qui dépeignent les champs verts et les nouveaux pâturages, le ruisseau frais qui coule, le vol des oiseaux, le ciel bleu, la mer.

« La peur est dissipée par la musique qui réveille chez l'auditeur la conscience du Bien qui l'enveloppe tout. Une tension nerveuse élevée est soulagée et les nerfs sont détendus sous le charme d'une composition qui fait basculer le corps dans un mouvement rythmique normal. La paresse du corps et de l'esprit est éliminée par la valse rythmée, la polka ou la mazurka, musique qui affecte le système moteur. L'insomnie se guérit par le chant endormi, le nocturne ou le chant spirituel qui assure la protection divine.

L'utilisation de la musique dans les hôpitaux ne se limite en aucun cas aux maladies mentales. Les loisirs sont nécessaires pour éviter l'ennui, car, comme le disait Shakespeare :

"Une douce récréation interdite, qu'est-ce qui s'ensuit
, sinon une morosité maussade et une mélancolie sourde, semblable à un désespoir sinistre et sans confort, et à ses talons une énorme troupe infectée, de pâles maladies et d'ennemis de la vie."

L'utilisation de la musique comme divertissement dans les hôpitaux a reçu un grand essor pendant la Première Guerre mondiale, mais a connu son plus grand progrès avec l'introduction de la radio de chevet portable.

L'utilisation de la musique comme exercice pour les articulations qui bougent mal et les muscles affaiblis est récente et on peut dire qu'elle a reçu son grand essor pendant la Seconde Guerre mondiale (décrit dans le Boston Sunday Post, 11 février 1945 ; A-5).

# *CHAPITRE DEUX*
# PHILOSOPHIE ET PSYCHOLOGIE DE LA MUSIQUE

**je**

Dans le domaine de la pensée, les opinions et les théories trouvent parfois du crédit longtemps après qu'elles se sont révélées incorrectes. Dans le domaine des arts, les opinions peuvent devenir si fortement enracinées qu'il y a parfois une résistance à toute tentative d'analyse visant à les réfuter, et même après qu'elles ont été exposées, un nombre important de personnes continueront à y croire. . L'artiste qui voudrait faire de la musique pour les patients doit aborder une telle entreprise avec une pleine connaissance des éléments impliqués et doit être prêt à reconnaître les préjugés, les coutumes et les pensées concernant les effets de la musique sur le corps humain qui ont été encouragés par de bonnes pratiques. des passionnés sensés, mais malavisés. Il faut faire la différence entre la philosophie de l'esthétique et la psychologie éprouvée de la musique. Les musiciens qui refusent d'accepter les résultats de la recherche scientifique qui ne correspondent pas à leurs opinions personnelles tomberont dans les mêmes difficultés qui ont confronté dans le passé tant de musiciens désireux d'aider leurs patients.

Avant l'avènement de la psychologie de laboratoire, il n'existait aucun test satisfaisant pour les théories traitant de la musique et de l'esprit, et le nombre et la variété des théories avancées étaient grands. Certaines des plus déraisonnables étaient les plus séduisantes, et il est facile de comprendre pourquoi elles ont été acceptées. Mais si l'une de ces théories est utilisée comme moyen d'atteindre un objectif scientifique, elle ne peut réussir de manière fiable si elle n'est pas fondée.

Les effets psychologiques du son peuvent être physiologiques ou intellectuels. Ils peuvent être liés à l'intensité, à la qualité ou à l'orientation d'une part, ou à des associations mentales passées ou présentes d'autre part. Pour l'homme primitif, le tonnerre, qui semble venir de partout et est plus fort que tout ce qu'il peut produire, est terrifiant et surnaturel ; le bruissement des feuilles est souvent provoqué par le vent, mais son expérience passée peut également susciter la peur de l'ennemi qui approche. Le son est souvent effrayant par ses qualités ou ses implications.

La réaction psychologique au type de son connu sous le nom de musique peut varier du réflexe de panique produit par la sirène de raid aérien à l'effet apaisant d'une berceuse doucement chantée. Pour certaines personnes, certaines sélections musicales ne suscitent presque aucune réponse, tandis que pour d'autres encore, il en résulte une chaîne d'images mentales vraiment étonnante. Cette dernière réaction est le résultat de siècles d'évolution dans le développement de la musique et des connaissances et sera discutée plus tard.

Au cours de l'évolution moderne de la composition musicale, de nombreuses nouvelles formes portant des noms descriptifs ont été conçues. Certaines de ces formes, par leur tempo, leur dynamique ou leur titre distinctifs, conditionnaient l'auditeur averti à une attitude mentale conforme à l'intention du compositeur. Certaines sélections, de par la nature même de leur exécution, provoquent une stimulation ou favorisent le repos. À première vue, il pourrait donc sembler que l'administration contrôlée de musique puisse susciter à volonté les humeurs souhaitées chez les auditeurs, et certains praticiens ont déclaré que la musique est un traitement spécifique des maladies mentales. Il est sans aucun doute possible d'influencer l'humeur de musiciens sains et entraînés en utilisant des compositions sélectionnées, mais supposer que tous les auditeurs réagiront de la même manière, ou que l'humeur des dérangés mentaux peut être modifiée à volonté par une musique prescrite, c'est ignorer la nature de la maladie mentale et les découvertes scientifiques des psychologues.

La musique est beaucoup de choses, mais physiquement, elle est constituée de sons ou de notes qui ont une hauteur, une intensité, un timbre et une durée. Ces notes sont combinées dans des motifs qui ont un rythme, un tempo, une mélodie et une harmonie et ceux-ci sont à leur tour liés à la tonalité, au mode et à la forme. Chacun de ces éléments a fait l'objet d'interprétations philosophiques et plus récemment d'investigations psychologiques. Bien que l'effet de la musique sur l'esprit humain dépende de la réaction à la composition entière, il est important de revoir les données existantes afin de mieux comprendre les effets de la musique, malgré les difficultés ; car, comme l'a dit Ortman [71], « le problème de l'analyse et de la classification des réponses musicales en types est à la fois extrêmement intéressant et notoirement difficile. L'histoire du problème est riche en données non coordonnées et pauvre en conclusions claires.

## II
### ÉLÉMENTS DE MUSIQUE

*Pas.* Heinlein [45] a découvert que les mêmes accords qui provoquaient un sentiment de joie et de luminosité lorsqu'ils étaient joués à un ton aigu étaient caractérisés comme sombres ou mélancoliques lorsqu'ils étaient joués à un ton grave. La voix de la jeunesse et le rire sont plus aigus que les grognements de la vieillesse et peuvent être un facteur de conditionnement. Beaunis [8] a estimé que la réaction au ton est l'effet de l'expérience et de la coutume et a cité un renversement chez les Orientaux chez qui les sons graves provoquent des réactions joyeuses et les aigus, de la tristesse et du chagrin.

*Intensité.* Heinlein a découvert que les accords forts sont rarement apaisants et que les accords doux sont presque toujours apaisants. Beaunis souligne le caractère fatigant d'une grande intensité sur une longue période et lui oppose « des sons très doux comme dans la Danse des Sylphes de Schumann... qui vous tient sous le charme d'une émotion délicieuse ».

*Le timbre* est la qualité du son qui l'identifie à l'instrument de sa production. Bien que de nombreux instruments puissent être convaincants ou sobres, la plupart des auteurs s'accordent à dire que certains instruments émettent des sonorités préjudiciables. Chomet [18] trouvait le basson triste, la flûte tendre et le trombone déchirant. Il constate que la clarinette exprime le chagrin, le hautbois suggère la rêverie, mais que le violon « semble propre à exprimer tous les sentiments communs à l'humanité ». Mursell [60] trouve des valeurs tactiles cohérentes dans le ton. Les tons graves sont ternes et les tons aigus sont coupants. Il parle du cor d'harmonie comme doux, du piccolo aigu, du hautbois comme rigoureux, du violoncelle velouté et du basson rugueux.

Gundlach [38] estime que le timbre d'un instrument est important dans la réponse de l'humeur. Il trouve les cuivres triomphants et grotesques, jamais mélancoliques ni tranquilles, délicats ou sentimentaux ; les bois sont tristes, maladroits, inquiets, jamais brillants ou joyeux. La voix humaine a aussi un timbre et des valeurs distinctives. Il y a la qualité dramatique de Marian Anderson et le flow sirupeux de Bing Crosby ; la virilité du basso et l'éclat de la colorature.

*Durée.* Le son d'une seule note attirera l'attention, mais si la note dure suffisamment longtemps sans changer ses caractéristiques, elle deviendra monotone, ennuyeuse et finalement exaspérante. Si le son est interrompu à intervalles égaux, cette réaction mettra plus de temps à se développer, mais si les intervalles entre eux sont irréguliers, l'intérêt est soutenu, surtout si ces variations se produisent périodiquement ; c'est-à-dire avec un certain rythme. [8]

*Rythme.* Il est possible d'avoir de la musique sans rythme, mais comme le soulignait déjà Rameau [68] : « La musique sans rythme perd toute sa grâce ». Les instruments à percussion ayant probablement précédé tous les autres, le rythme fut la première étape de l'évolution de la musique. Les partisans de la théorie motrice du rythme estiment que la réponse musculaire à une musique au rythme prononcé est un réflexe physiologique. Ils soulignent qu'il est difficile de marcher délibérément hors du temps sur une marche bien accentuée, et Dunlap [26] a montré que chez des sujets allongés « avec la plus grande relaxation possible de tout le corps, un bon regroupement rythmique d'une série auditive peut être obtenu ». obtenu." A l'aide de l'électromyographe, Jacobson [50] a montré qu'en cas de relaxation complète, l'activité mentale se traduit par des contractions musculaires fugaces mais spécifiques, invisibles à l'œil et inconnues du sujet.

La perception du rythme est un stimulant mental. Reade [69] a observé que les nègres africains, lorsqu'on leur ordonnait de ramer sur un bateau, commençaient toujours à chanter pour les aider à surmonter leur paresse naturelle. Bücher [114] pensait que le rythme, tel qu'il est illustré dans les chansons de travail, facilite la dépense d'énergie synchrone des individus engagés dans une tâche commune.

Bien que le chant rythmé ne suscite pas nécessairement des réponses motrices évidentes chez tous les sujets, l'utilisation largement répandue des chants de travail parmi les groupes de personnes engagées dans un travail acharné sur terre ou sur mer à travers le monde est révélatrice de la valeur du rythme de fond pour l'effort communautaire. Mursell [60] estime que « toute notion selon laquelle le rythme pur ou « nu » est plus efficace que le rythme revêtu de son est sujette à de très sérieux doutes. Mais l'effet principal d'un rythme marqué est le sentiment d'excitation et de bonheur qu'il peut susciter. Le rythme nous procure un certain plaisir en raison de son ordre auquel l'esprit est sensible.

*La mélodie* en tant qu'élément musical contribue principalement au repos. [71] S'il est simple et reconnaissable, il rappellera d'autres époques et soulagera l'esprit des pensées des problèmes actuels. S'il est complexe et nouveau, il distraira les plus musicaux mais aura un effet moins désirable sur ceux qui ne sont pas intéressés.

*Mode.* Le terme *mode* s'applique à l'agencement des tons entiers et des demi-tons dans la construction de la gamme musicale. Parmi les nombreux modes possibles, deux seulement sont utilisés dans notre système musical actuel, le *majeur* et le *mineur* . Il n'existe qu'une seule forme de mode majeur, et c'est celle dont la plupart des gens se souviennent lorsqu'ils pensent à l'échelle. Il existe trois formes de mode mineur, mais parmi celles-ci, l' *harmonique* est la plus fréquemment utilisée. Il est formé en abaissant les troisième et sixième notes d'un demi-ton. [80]

Lorsqu'un auteur innove de manière convaincante dans un domaine qui demande depuis longtemps des éclaircissements, il est probable que même ses remarques douteuses seront acceptées avec le même degré d'autorité que ses déclarations scientifiques. En 1722, Rameau [68] publia un traité sur l'harmonie qui fut largement accepté en raison de son excellence et de sa compréhension, mais dans cet ouvrage il préjugea beaucoup d'écrivains qui suivirent en croyant que l'accord majeur était plus agréable et plus beau que le mineur. Ce concept a été non seulement adopté mais brodé. Hauptman [44] a comparé la triade mineure aux branches du saule pleureur et lui a donc attribué un triste pouvoir d'attraction vers le bas. Il attribue à la triade majeure la propriété d'une force motrice ascendante. (Lorsque cela est pris littéralement, comme c'était le cas, et appliqué au patient, nous pouvons voir clairement pourquoi des attributs remarquables ont été revendiqués pour la musique.)

Or, il ne fait aucun doute que si l'accord triade de do mineur est frappé sur un piano après celui de do majeur, la plupart des gens qualifieront de mélancolique la sensation provoquée par le son de l'accord mineur. Helmholtz [46] attribuait l'effet voilé ou triste d'un accord mineur à certaines notes étrangères à l'accord qu'attend le raisonnement physique.

« L'élément étranger ainsi introduit n'est pas suffisamment distinct pour détruire l'harmonie, mais il suffit à donner un effet mystérieux et obscur au caractère musical et au sens de ces accords, effet dont l'auditeur est incapable de se rendre compte, parce que la faible combinaison. les tons dont il dépend sont masqués par d'autres tons plus forts et ne sont audibles que par une oreille exercée.

Mais Gurney [40] refuse d'admettre un sentiment de mélancolie dans cette légère dissonance, car comme il le souligne

« Le même léger degré de dissonance qui existe dans la triade mineure peut se produire sur une triade majeure, en y ajoutant une certaine quantité extrêmement faible d'éléments discordants : il semblerait alors que la triade majeure ainsi légèrement atténuée ou confuse devrait cela semble mélancolique, mais ce n'est pas du tout le cas. Un autre argument peut être trouvé dans le fait suivant. Les accords mineurs de D et A sont perpétuellement présents parmi les harmonies de do majeur ; et pourtant ils ne semblent pas alors transmettre l'impression nettement pathétique, produite instantanément par l'apparition de la triade en ut mineur.

« La musique dans une tonalité majeure peut être profondément triste ; et il serait souvent impossible à toute description d'effleurer la différence musicale ressentie entre une telle musique et une musique mineure lugubre. Le mode mineur a une gamme d'effets un peu plus constante.

De telles discussions se sont poursuivies jusqu'à ce que Valentine [76] décide de tester l'effet d'humeur des modes sur un groupe d'auditeurs. Il a constaté que « les intervalles majeurs sont décrits comme tristes ou plaintifs deux fois plus souvent que les intervalles mineurs ». Heinlein [45] a non seulement confirmé cela, mais a également découvert que l'intensité était le modificateur dominant de la sensation. Il a révisé plus de deux mille cinq cents compositions pour débutants et parmi elles, il n'en a trouvé que sept pour cent écrites en mode mineur. « Il est difficile d'obtenir une composition en mode mineur écrite pour les enfants qui n'ait pas de titre qui se rapporte à l'étrange, au mystérieux, au triste et au sombre. Apparemment, les compositeurs, dans leurs tentatives de différenciation des modes pour les enfants, sont victimes de la méthode consistant à introduire des titres à l'opposé du contenu ressenti. Pour les enfants, le titre d'une composition est un élément très remarquable. Il se peut, après tout, que la réaction aux modes dépende en grande partie de la mesure dans laquelle l'association avec des titres descriptifs d'une variété spécifique établit d'abord les impressions affectives dans l'esprit du débutant. On peut ainsi voir que les compositeurs ont nourri une vieille philosophie par les titres plutôt que par la musique. Beaunis a montré que même si parmi les compositeurs européens, le mode majeur a été utilisé pour des passages clairs et reposants et le mode mineur pour des sélections difficiles et émouvantes, une étude de la musique d'autres races découvrira un usage tout à fait opposé. Hevner [47], dans une série élaborée d'études contrôlées, a conclu que « toutes les caractéristiques historiquement affirmées des deux modes ont été confirmées » mais admet que « dans la production de son effet sur l'auditeur, le mode n'est jamais le seul facteur. »

Dans une étude ultérieure, Hevner [48] continue de soutenir que la modalité est efficace dans les dimensions de la tristesse et du bonheur mais tout à fait inutile dans les dimensions de la vigueur, de l'excitation et de la dignité.

La réaction au mode est influencée par ce qui a été entendu immédiatement auparavant et par la formation musicale. La réaction au mode n'est pas physiologique mais offre une clé de la musique pour les patients dans la mesure où ceux qui identifient le mode mineur avec la tristesse ne devraient pas recevoir une telle musique lorsque la musique gay est indiquée.

*Clé*. Il fut un temps où certaines touches étaient créditées de pouvoirs émotionnels. Pour éviter que de telles pensées ne persistent, la citation suivante de Gurney [40] est proposée.

« Certaines touches particulières sont parfois créditées de pouvoirs émotionnels précis. Que de légères différences existent entre eux sur certains instruments est indéniable, même si c'est une différence que seules des oreilles exceptionnelles décèlent. Les relations entre les notes de chaque tonalité étant identiques, toute série de relations présentant toute sorte de caractère descriptible ou indescriptible sera bien entendu acceptée par l'oreille dans n'importe quelle tonalité, ou s'il s'agit d'une série qui module à travers un ensemble de plusieurs tonalités, dans n'importe quel ensemble de clés similaires. Mais comme il doit avoir une note la plus haute et une note la plus basse, il sera important, surtout lorsqu'on écrit pour un instrument particulier, de choisir une tonalité telle que ces notes ne soient ni gênantes ni impossibles ; et aussi les difficultés mécaniques d'un instrument peuvent rendre certaines touches préférables pour certains passages. Sous réserve de corrections liées à des considérations de ce genre, le compositeur choisit probablement généralement la tonalité dans laquelle le joyau de son œuvre apparaît pour la première fois à son esprit : et une fois que la musique a été vue et connue, écrite dans une certaine tonalité, le regard même celle-ci devient tellement associée à elle-même, que l'idée de changer de clé peut produire un certain choc. Mais les cas sont rares en effet où, si la musique avait été d'abord présentée à l'oreille de quelqu'un dans un ton différent d'un demi-ton de celui dans lequel elle est réellement, il aurait perçu la moindre nécessité de modification ; et en fait, lorsqu'un morceau de musique est réfléchi, fredonné ou sifflé, à moins que ce ne soit par une personne à l'oreille exceptionnellement douée, il est naturellement bien plus souvent qu'autrement dans une tonalité différente de celle dans laquelle il a été écrit et entendu. Même la différence la plus communément invoquée, entre do majeur aussi brillant et fort et ré bémol aussi doux et voilé, n'est presque nulle lorsqu'un morceau brillant est joué en ré bémol ou un morceau rêveur en do.

« Qu'une variété de caractères émotionnels puissent être définitivement attribués à des tonalités différentes est une notion si manifestement absurde que je n'en parlerais pas, si ce n'était qu'elle était communément admise ; et que de telles doctrines sont vraiment nuisibles en faisant croire aux humbles et authentiques amateurs de musique qu'il existe des régions du sentiment musical absolument au-delà de leurs pouvoirs de conception.

Dans un manuel sans nom, les déclarations suivantes apparaissent :

« Le do majeur exprime un sentiment d'une manière pure, certaine et décisive. Il exprime en outre l'innocence, une détermination puissante, un sérieux viril et un profond sentiment religieux.

« Sol mineur exprime tantôt la tristesse, tantôt, au contraire, une joie tranquille et posée – une grâce douce avec une légère touche de mélancolie rêveuse – et parfois il s'élève jusqu'à une élévation romantique. Il dépeint efficacement le sentimental, etc. Un autre auteur, cité par Schumann, a trouvé en sol mineur un mécontentement, un malaise, une anxiété inquiète face à un projet infructueux, une mauvaise humeur qui rongeait son frein. « Comparez maintenant cette idée, dit Schumann, avec la Symphonie en sol mineur de Mozart, cette grâce grecque flottante. » Il cite du même écrivain que mi mineur est une fille vêtue de blanc avec un nœud de poitrine rose.

« Ce ne sont que des résumés, et une bonne partie de l'humour se perd par sélection. Pour les « personnages » de plusieurs de ses tonalités, l'auteur donne une liste d'exemples dont le choix, dans la mesure où tous les caractères possibles pourraient être illustrés à partir de compositions dans chaque tonalité, ne peut pas avoir été très difficile. C'est un peu comme prouver que le lundi est un jour « particulièrement plein de mélancolie », au motif qu'un individu y a perdu un parent, ou que la caractéristique du jeudi est « la confiance et l'espoir », au motif que ce jour-là un individu a perdu un proche. est venu chercher une fortune.

"Ces pensées sont similaires à celles du philosophe chinois qui faisait remonter les cinq tons de l'ancienne gamme chinoise aux cinq éléments, l'eau, le feu, le bois, le métal et la terre."

*Tempo.* « L'idée de forcer les caractéristiques émotionnelles sur le tempo n'est pas moins absurde que celles sur la tonalité. (Gurney cite d'autres idées du même auteur.)

« Le temps commun exprime la vie tranquille de l'âme, une paix intérieure mais aussi de la force, de l'énergie et du courage.

« Le temps trois-huit exprime la joie et le plaisir sincère ; mais sa meilleure caractéristique est la simplicité et l'innocence.

« Le temps trois-quatre exprime le désir, l'espoir sincère et l'amour.

« Il serait intéressant d'entendre cet auteur ce qui se passe lorsque quelqu'un compose une pièce en temps commun, qui exprime la vie tranquille de l'âme et la « paix intérieure », et dans la tonalité de mi mineur, qui représente le chagrin, le chagrin et la « paix intérieure ». agitation de l'esprit.

Gundlach [38] a constaté que la vitesse était de loin le facteur le plus important pour distinguer plusieurs pièces jouées à un groupe. Et Hevner [48] a découvert que pour l'excitation, l'élément le plus important était le tempo, qui doit être rapide. « Les humeurs sentimentales oniriques suivent un rythme lent. Le pur bonheur exige un rythme plus rapide.

Hanson [42] estime que « toutes choses étant égales par ailleurs, plus le tempo s'accélère au-dessus du *tempo moderato* (qui est à peu près la même vitesse que le pouls humain), plus la tension émotionnelle devient grande ». Il poursuit en affirmant que « tant que les subdivisions des unités métriques sont régulières et que les accents restent conformes au modèle de base, l'effet peut être exaltant mais pas dérangeant. La tension rythmique est accrue par la mesure dans laquelle l'accent dynamique est mal placé en termes d'accent métrique, et l'effet émotionnel des accents « déséquilibrés » est considérablement accru par une augmentation de la puissance dynamique. Il s'inquiète outre mesure de l'effet que le « Boogie-Woogie » peut avoir sur la jeune génération, car l'irrégularité du rythme trouve son terrain le plus fertile dans cette forme de jazz caractérisée par « une figure répétée dans la basse (qui) se poursuit indéfiniment en rythme régulier ».

*Sonorité.* Hanson [41] a retracé le développement de la musique depuis la musique hautement consonante de l'Église catholique romaine à peu près à l'époque de Palestrina jusqu'à la musique dissonante de certains compositeurs modernes. Il décrit les premiers hymnes comme « calmes, sereins et, dans un sens, impersonnels ». Pour lui, « l'expression d'un sentiment personnel dans la musique semble inévitablement être associée au recours à la dissonance. En effet, l'expression de l'émotion dans la musique semble être liée au contraste entre dissonance et consonance, la première produisant un sentiment de tension et de conflit qui est soit accru par la progression vers une sonorité de tension encore plus grande, soit résolu par une consonance ultérieure. Il peut être facile pour un musicien de croire que l'utilisation accrue de la dissonance crée une augmentation de la tension émotionnelle, mais pour l'auditeur musicalement inculte, la dissonance peut tout aussi souvent créer de l'ennui ou de la gêne.

*Composition.* Bien que des facteurs musicaux tels que la hauteur, l'intensité et la mélodie puissent contribuer à l'effet d'ambiance lorsqu'ils sont isolés, la réaction à une composition entière est très différente de la réaction aux tonalités d'accords. Cela peut dépendre de l'environnement ou de l'association avec la situation dans laquelle la sélection a été entendue pour la première fois ou est entendue. Il peut être altéré par la longueur de la composition, par des contrastes d'intensité inattendus ou par l'utilisation de motifs, de rythmes ou de tempos inhabituels. En écoutant de la musique, les attentes jouent un rôle important. Un changement ou une interruption soudaine est susceptible de susciter la surprise. « La simple rencontre de l'attente dans tous ses détails procure une sorte de plaisir. Mais aussi grand que soit le plaisir esthétique, un degré de plaisir bien plus grand peut parfois être atteint grâce à une surprise soigneusement planifiée, dont la pertinence et la compétence artistique sont reconnues et approuvées » [10].


Beaucoup a été écrit sur les images ou les histoires évoquées par les compositions musicales. Certains musiciens ont tacitement laissé entendre que la capacité à apprécier ces histoires entraîne un plus grand plaisir, mais Gehring [34] insiste judicieusement sur le fait que « le plaisir musical ne dépend pas des interprétations, mais peut également être récolté par ceux qui s'abstiennent de les faire ». Il y a des gens qui peuvent interpréter n'importe quelle sélection musicale, et d'autres qui ne trouvent aucune histoire. Entre ces extrêmes se trouve un groupe qui peut tirer davantage de plaisir de la musique si l'écoute est précédée d'une telle préparation. Comme l'a souligné Damon [20] : « Une sélection musicale est considérée comme plus belle et plus colorée lorsque les notes habituelles du programme sont fournies avant de l'entendre. »

Il y a ceux qui voient une couleur spécifique dans le son. C'est Isaac Newton qui fut le premier à comparer l'échelle diatonique aux sept couleurs du spectre allant du rouge au violet, en commençant par C comme rouge. Katz [71] a rapporté une forte association de couleurs dans deux études de cas. Pour le premier, le do majeur était noir de jais et pour l'autre do majeur, il était d'un blanc brillant. Mais on pouvait s'y attendre dans la mesure où la gamme de notes présente des intervalles et des proportions des plus définies alors que celles du spectre des couleurs sont confluentes et n'ont aucune relation mathématique. L'analogie spectrale a été discréditée par de Marian en 1737 [70]. « Personne n'est d'accord ou presque jamais sur la couleur qu'ils associent au même son » [30].

Mais la couleur n'est qu'un élément d'une image mentale ; et les autres ? Est-il possible que deux personnes écoutant pour la première fois une nouvelle sélection musicale sans nom envisagent la même histoire ou la même image ?

T. Kawarski et H. Odbert [52] n'ont trouvé aucune relation directe entre la couleur et la musique qui soit valable pour plusieurs individus, mais certaines relations générales entre le photoisme et des aspects particuliers de la musique se sont révélées récurrentes. Ainsi, l'augmentation de la luminosité tend à accompagner l'augmentation de la hauteur ou l'accélération du tempo. Même si un facteur comme une imagerie visuelle forte ou des influences ou suggestions culturelles peut être dominant chez certains individus et un facteur totalement différent chez un autre, aucun de ces facteurs n'agit de manière pure et simple.

Trop souvent, les interprètes musicaux en verront trop dans une sélection donnée. Certains tenteront de rhapsodier avec des mots le thème annoncé par le titre de la sélection. Certains passionnés s'accrocheront aux suggestions de la source originale. Gurney cite un exemple amusant à propos d'une sonate de Beethoven, dont les trois mouvements sont intitulés : *Les Adieux* , *L'Absence* et *Le Retour* . Ces titres étaient si attrayants que des commentaires enthousiastes ont été publiés sur la représentation de passages de la vie de deux amants. Cependant, sur le manuscrit, Beethoven écrit : « Adieu au départ de Son Altesse Impériale, l'Archiduc Rodolphe, le 4 mai 1809. » et « Arrivée de Son Altesse Impériale, l'Archiduc Rodolphe, le 30 janvier 1810 ».

L'insistance de certains sur les images spécifiques évoquées par certaines sélections peut être décourageante pour les mélomanes qui acceptent de telles interprétations comme des faits et sont déçus de ne pas pouvoir éprouver la même réaction que les autres, surtout si ces autres sont des musiciens reconnus.

« Il est évident que le pouvoir de la musique pour représenter des objets, des situations ou des idées est extrêmement indéfini. Aussi spécifique que soit le programme pictural ou dramatique que le compositeur envisage de présenter à travers sa musique, l'auditeur ne comprendra jamais ce programme à partir de la musique elle-même. Si l'auditeur sait ce que la musique est censée représenter, il imaginera les incidents et les intégrera à la musique. Ou bien, si on lui donne un titre, celui-ci lui suggérera une suite d'images qu'il lira dans la composition. Et si on ne lui donne ni titre ni programme, son imagination pourrait l'emmener dans un voyage mental dont la direction dépendra de son humeur, de son état mental, de sa condition physique, de son expérience passée et de nombreux autres facteurs subjectifs, pour lesquels la musique sert de stimulus, mais tout cela se situe en dehors de la musique elle-même. [35]

Ainsi, lorsque Rubinstein lut dans la « Deuxième Ballade » de Chopin l'histoire d'une fleur sauvage attrapée par un coup de vent, les luttes de la fleur et son bris final, il brouille les cartes en ajoutant une seconde interprétation à la musique qui s'inspire de par le poème de Mickiewicz, « Switez Lake », dont l'histoire est totalement différente. Lorsque Gilman jouait cette même chanson pour ses étudiants, il y avait de nombreuses interprétations allant de « dénuée de sens » à « assassins rampants ». [35]

---

Les plaintes de Beethoven contre ses interprètes et ses interprètes étaient fréquentes et amères, mais nous devons nous tourner vers les écrits des musiciens les plus littéraires, Mendelssohn et Schumann, pour des expressions cohérentes sur le sujet. Mendelssohn a écrit :

« Ce que toute musique que j'aime exprime pour moi, ce ne sont pas des pensées trop indéfinies pour être exprimées en mots, mais des pensées trop précises. Si l'on me demande ce que j'ai pensé à l'occasion en question, je réponds : la chanson elle-même telle qu'elle est."

La position de Schumann en ce qui concerne les lectures verbales de musique peut être résumée à partir du passage suivant :

« Les critiques veulent toujours savoir ce que le compositeur lui-même ne peut pas leur dire ; et les critiques comprennent parfois à peine la dixième partie de ce dont ils parlent. Bonté divine! viendra-t-il un jour où l'on cessera de nous demander ce que nous entendons par nos compositions divines ? Choisissez les cinquièmes, mais laissez-nous tranquilles. [40]

Certaines sélections musicales ont été écrites pour accompagner un sujet. Ceux qui connaissent l'histoire du *Barbier de Séville* peuvent associer l'air « Largo al Factotum » au désespoir d'un barbier surmené, mais la même chanson aurait pu être écrite pour accompagner presque n'importe quel sujet vivant et pour des personnes qui n'ont jamais entendu parler. l'histoire et qui ne comprennent pas l'italien, c'est juste une chanson lumineuse, éventuellement humoristique. Comme le dit Gurney :

« Les titres verbaux qui visent à résumer l'expression de certaines compositions, si intéressantes soient-elles, sont si fortuits qu'ils ont souvent été suggérés par la musique au lieu de la suggérer ; et cent auditeurs, s'ils devaient deviner le titre par eux-mêmes, en créeraient cent nouveaux. [40]

La musique ne peut évoquer des émotions spécifiques que lorsque les gens y ont été conditionnés. La chanson « Horst Wessel » n'inciterait pas les Américains à la haine à moins qu'ils ne puissent identifier le titre avec la chanson et sa signification. Même alors, le degré de haine ou de mépris pour la musique serait variable.

"On the Farm" d'Edwin Franko Goldman ne peut laisser aucun doute quant à son sujet, mais à l'exception d'une musique aussi évidente, ou d'une musique à laquelle nous avons été émotionnellement conditionnés, la musique ne peut pas peindre un ciel bleu ou des pâturages verts. .


Quels sont alors les sentiments les plus fréquemment suscités par la musique ? D'après Schoen [72] :

« Les données montrent que le repos, la tristesse, la joie, l'amour, le désir et le respect apparaissent le plus souvent comme effets produits. La musique vocale a tendance à susciter des effets émotionnels bien définis bien plus souvent que la musique instrumentale, la probabilité étant que l'effet émotionnel spécifique soit dû principalement aux paroles.

Les conclusions de Schoen sur les changements d'humeur dans un groupe testé résument la relation entre les changements d'humeur et le plaisir. Ainsi, pour des raisons pratiques, nous voulons savoir non seulement si une composition musicale produit un changement d'humeur chez l'auditeur, mais aussi ce qui est le plus important, si l'humeur induite est également appréciée et dans quelle mesure ce plaisir peut dépendre de facteurs tels que le type d'humeur induite. La familiarité de l'auditeur avec la sélection et son jugement sur la qualité de la sélection sont également importants.

Les résultats d'une large série d'observations montrent en règle générale que la musique produit un changement d'humeur chez chaque auditeur, ou qu'une humeur existante s'intensifie lorsqu'elle se conforme à l'ambiance de la musique. La tendance d'une même composition à produire la même ambiance chez chaque auditeur était très marquée. Le degré de plaisir dérivé de la composition musicale était directement proportionnel à l'intensité de l'effet d'ambiance produit, à condition que cet effet ne soit pas dû aux conditions de l'exécution, comme une mauvaise intonation ou une interprétation erronée.

« On ne tirait pas plus de plaisir d'un type d'humeur que d'un autre, à moins que l'humeur ne soit due à l'aversion pour un type de musique spécifique ou à une mauvaise interprétation. Mais lorsque le changement d'humeur passait de joyeux à sérieux, le plaisir semblait légèrement moindre que lorsque le changement d'humeur passait de sérieux à joyeux, à condition que l'auditeur ne soit pas gêné par la connaissance de l'évaluation critique de la musique qu'il écoutait ou par la connaissance de l'appréciation critique de la musique qu'il écoutait. par une interprétation erronée. L'évaluation de la qualité de la composition musicale était directement proportionnelle à l'intensité du plaisir.

## III
### AUTRES FACTEURS CONDITIONNANTS

En plus des éléments physiques de la musique évoqués précédemment, il existe d'autres facteurs qui entrent dans le type de réponse de l'esprit et du corps à la musique. Nous avons évoqué plus haut la valeur des notes de programme. Les personnes qui entendent une nouvelle musique pour la première fois peuvent ou non développer une réponse visuelle ou émotionnelle, mais si elles sont préparées par une écriture descriptive, elles peuvent « comprendre » ou au moins apprécier davantage la musique.

« Les notes de programme, les commentaires oraux et le cadre général de la présentation sont importants car ils concentrent et renforcent la réponse d'humeur. En effet, il a été démontré que dans une introduction verbale présentée avant la présentation d'une composition, ce qui est dit n'a pas beaucoup d'importance et que presque tout type de commentaire augmentera le plaisir de l'auditeur s'il sert à l'orienter vers des états d'esprit efficaces et appropriés. » [60]

Les assistants musicaux devraient prendre cette découverte au sérieux et faire précéder la lecture de sélections musicales de commentaires verbaux. Même la musique de danse populaire peut être précédée de remarques sur l'instrument solo présenté ou sur les personnalités impliquées.


À l'exception des effets du rythme, toutes les autres réactions citées jusqu'à présent ont été en grande partie psychologiques. Avant de quitter la discussion sur la réponse, quelques éléments de preuve démontrant une action physiologique possible seront présentés. Gundlach [39] a étudié les chants de six tribus amérindiennes différentes. Aujourd'hui, la langue, les coutumes et la musique des pays européens voisins ont souvent quelque chose en commun, mais l'absence de roue dans les transports a rendu les habitants dispersés de l'hémisphère occidental étrangers les uns aux autres. Les discours et les chants des différentes nations indiennes n'ont aucun rapport, mais les chants représentant les mêmes types de cérémonies montrent une concordance considérable. Gundlach en conclut que « la musique a certaines conventions fondées sur une base solide de structure physiologique et de similitude comportementale des êtres humains ».

*A – Musique live.* La plupart des gens se tourneront vers la source sonore. Même les plus flegmatiques se retourneront si le son est suffisamment soudain et fort. Il s'agit d'un mécanisme de protection car l'identification de la source peut éviter des blessures corporelles. Il existe également un sentiment de satisfaction dans la corroboration des images auditives et visuelles. Lorsque le son est musical, le désir de voir sa production est considérablement accru. Pour ceux qui ne peuvent pas faire de musique eux-mêmes, c'est comme regarder un prestidigitateur de dos. Pour les musiciens, cela offre la possibilité d'inspection, d'amélioration ou de critique. L'une des composantes psychologiques les plus importantes de la musique est la présence physique du créateur de musique. Il y a une vingtaine d'années, un fabricant produisait des rouleaux de piano qui reproduisaient si bien les manipulations d'artistes connus que les experts ne pouvaient pas faire la différence entre les sons produits sur le piano par un pianiste live et le joueur automatique. Pourtant, cette méthode de reproduction fut un échec financier ; il avait toutes les qualités du musicien live sauf la présence physique.


Nous exigeons beaucoup moins de qualité de musique d'un groupe live que d'une reproduction mécanique de la musique d'un groupe. Les groupes de personnes qui se réunissent pour danser paieront des prix relativement élevés pour des musiciens inexpérimentés avec un répertoire monotone, pour le plaisir d'avoir de la musique live. Les danseurs peuvent se plaindre de la mauvaise exécution musicale, mais subiront un engagement en retour de préférence à la lecture de musique enregistrée.

Il y a des stars de cinéma dont les voix chantées sont dures à la plupart des oreilles, mais les auditeurs les applaudissent en rappel, non pas tant pour vivre une belle expérience que pour prolonger le contact humain. Nous réagissons non seulement au son, mais aussi aux mouvements et à la présence même des créateurs de musique. Nous écoutons les gens ainsi que leur musique. La musique live stimule, soutient et concentre l'attention. Il doit être utilisé aussi souvent que possible pour les patients. Le musicien « live » peut faire écouter aux patients des formes musicales qui autrement seraient totalement ignorées. Si les musiciens souhaitent diffuser l'appréciation de la « bonne » musique et l'appréciation de la musique, une méthode consiste à se rendre personnellement dans les hôpitaux.

*B — La voix humaine.* De tous les sons d'une hauteur et d'une intensité données, celui qui attire et entretient le mieux l'intérêt est la voix humaine.

Nous nous tournons habituellement vers la voix humaine. Parfois, nous le faisons par courtoisie. Encore une fois, nous pouvons le faire par souci de meilleure compréhension, voire par curiosité. La langue parlée est comprise par bien plus de gens que le langage dit musical. Lorsque les mots sont mis en musique, ils requièrent une plus grande attention que lorsqu'ils sont prononcés. Ils sont généralement compacts et rimés. Nous nous efforçons d'entendre chaque mot pour en saisir tout le sens, l'humour ou l'intelligence du parolier. Pourtant, nous abaissons volontiers nos normes littéraires lorsque les mots sont mis en musique. Les couplets de nombreuses chansons semblent creux et répétitifs sans accompagnement. Mais les mots sont rendus intéressants par la mélodie, et la mélodie prend un sens supplémentaire à partir des mots. « La musique vocale a un plus grand pouvoir de susciter une réponse émotionnelle précise que la musique instrumentale. Le repos résulte à peu près également de la musique instrumentale et vocale. [71]

Les chansons avec paroles sont idéales pour susciter l'intérêt des patients. Le chant communautaire est la forme de musique la plus précieuse pour une réponse maximale du groupe.

## ÉCOUTE

Violet Paget [55] a envoyé des questionnaires à cent cinquante personnes dans différentes parties du monde pour obtenir un échantillon global de leurs réactions à la musique. À partir d'une analyse de leurs réponses, elle a trouvé

« deux modes différents de réponse à la musique, dont chacun était considéré comme le seul chez ceux chez qui elle était habituelle. On peut dire que l'on « écoute » de la musique ; l'autre « entendre »… avec des erreurs dans le simple fait de l'entendre. L'écoute impliquait l'attention la plus active… L'audition est un degré moindre de la même activité mentale où l'attention active se produit à des moments comme des îles continuellement balayées par une marée peu profonde d'autres pensées.

Ceci est très similaire à la classification de Gurney de la perception musicale en « définie » et « indéfinie ». Vernon [77] énumère les variétés de réponse à une écoute indéfinie comme suit :

un. Réflexe ou physiologique ; apaisant ou stimulant.

b. Euphorie générale.

c. Stimulation de la pensée et errance de l'attention.

d. Ambiances émotionnelles d'interprétation du soi-disant « sens » de la musique.

e. Images visuelles dramatiques de rêveries.

F. Conscience que des sons se produisent, mais aucune autre réponse.

g. Chute de cette conscience dans la « marge » de la conscience.

Il a trouvé des réactions a. et B. parmi les primitifs et les nourrissons ; et réactions cf et g. parmi les non formés.

Schoen [71] a découvert que la réponse à la musique est liée aux niveaux psychologiques auxquels elle se produit ainsi qu'à la sensation, à la perception et à l'imagination. La réponse sensorielle est physiologique et possédée par tous. C'est la source dont dépend tout autre développement musical. Cela nécessite un minimum d'effort mental, et ses effets sont à la portée de la raison facile des intellectuels inférieurs et supérieurs. En tant que sensation, la musique est soit agréable, soit désagréable. La formation et l'expérience peuvent conduire à des types de réponse plus élevés, en fonction du désir individuel et de la capacité à développer le goût musical et l'éducation. La réponse immédiatement supérieure est la perception et son niveau de distribution ajoute de l'excitation ou du repos. Le niveau de réponse le plus élevé est imaginaire.

« Une grande partie de la musique que nous entendons, nous l'avons déjà entendue et, de ce fait, nous l'avons associée à une foule de souvenirs aux couleurs agréables ou désagréables. L'auditeur peut ne pas se souvenir de l'heure ou de l'occasion exacte à laquelle il a entendu la sélection auparavant et pourtant il peut avoir un groupe d'images qui se réfèrent définitivement à son propre passé.

Meyer [71] résume l'attrait que la musique pourrait avoir pour les auditeurs comme 1. Réponse émotionnelle, 2. Associations suggérées, 3. Personnification d'un sujet, 4. Sa valeur en tant qu'objet.

# IV
## GOÛT MUSICAL

La sélection de musique pour les patients peut être effectuée de plusieurs manières. Le plus simple et le moins fiable consiste à utiliser la musique préférée du musicien qui dirige le programme. Une telle programmation rencontrera sans aucun doute l'approbation de certains patients, mais il est peu probable qu'elle obtienne l'approbation de tous. Les patients non psychiatriques devraient recevoir la musique *qu'ils* souhaitent.

Beaucoup a été écrit sur la musique spécifique destinée à certains groupes de patients. Il existe des préjugés considérables en faveur de la « bonne musique » ; c'est « bon » par rapport aux valeurs intellectuelles. Mais la musique en elle-même ne peut être ni bonne ni mauvaise. Son exécution ou son adéquation à l'occasion ou à l'individu peut être sujette à caution, mais la réponse doit venir du patient. Nous devons garder à l'esprit l'objectif de la musique pour les patients alités ou hospitalisés de façon chronique. Ils considèrent la musique comme un stimulant pour le moral et une source de plaisir. La plupart des gens ont des chansons préférées, mais le degré de désir pour elles ou pour toute musique varie en fonction de l'heure de la journée, du type de journée et de bien d'autres considérations. Le goût du patient varie non seulement en fonction de son âge, de sa formation, de sa nationalité et de son milieu familial, mais aussi en fonction de facteurs aussi intrinsèques et insondables que sa personnalité et ses habitudes de pensée.

« Le goût musical est une tradition populaire, une convention qui se comporte exactement comme le font les traditions populaires dans d'autres domaines d'activité. Ce goût est accompagné de la « conscience » conventionnelle qui dicte ce qui est « juste » et ce qui est « beau ». Il est plus ou moins imperméable à la contradiction et s'inquiète de la perspective d'un changement » [59].

La musique d'un compositeur donné ne change pas, mais le public changera en raison de l'apparition de nouvelles formes de musique et de vie. Les œuvres du XVIIIe siècle, à quelques exceptions près, étaient appréciées de ses contemporains mais trouvent aujourd'hui un public restreint.

Le goût musical d'un individu change sensiblement de l'enfance à la maturité, mais le changement est graduel et, sauf pour ceux qui étudient la musique de manière intensive, au cours d'une année de la vie, le changement est à peine appréciable. Même les favoris établis deviendront moins désirables pour l'individu.

« Après un certain nombre de répétitions, variant à la fois selon l'expérience fondée de l'auditeur et la complexité de la pièce, le plaisir diminue. On pourrait ici proposer l'hypothèse que le taux d'ascension vers la popularité est directement proportionnel au taux de déclin… comme l'illustre la forte popularité des succès populaires éphémères et leur déclin précipité dans l'oubli. [59]

Parmi les nombreux facteurs qui ont parfois une grande influence sur le goût musical, les événements contemporains se démarquent. Pendant une guerre, le peuple accueille favorablement les chants qui chantent ses prouesses, sa victoire imminente ou sa dérision envers l'ennemi. De telles chansons deviennent populaires en raison de leur contenu littéraire plutôt que musical, mais elles affectent le goût indirectement, puisque le seul test du goût réside dans les chansons que les gens écouteront librement.

Les soldats reprennent des chansons étrangères et des chants de marche et les ramènent chez eux comme souvenirs et favoris. Il est désormais bien reconnu à quel point une telle influence peut être importante et prolongée.

Quel que soit le goût musical du patient et quelle que soit la manière dont il l'a acquis, il doit être satisfait. Dès qu'un individu atteint le statut de patient, il se produit immédiatement une dépression mentale qui peut continuer à s'aggraver si elle n'est pas maîtrisée. Le patient peut développer de l'anxiété, de la peur, de l'apitoiement sur son sort ou de l'ennui. Il peut y avoir une dépression sensorielle due à une douleur, une vue désagréable ou un handicap. En plus de ces facteurs attristants, il peut y avoir une réaction indésirable à l'environnement, au personnel et à la monotonie des routines médicales ou infirmières. Tous les efforts devraient viser à remplacer les expériences joyeuses par une introspection triste. La formule de la joie est très personnelle. Même si la plupart des gens rient de certaines situations comiques, la réaction à la musique ne peut être prédite que sur la base du désir individuel. La personne qui devient patient peut ne pas avoir de changement fondamental dans ses goûts musicaux mais son appétit peut être altéré par des variations d'humeur, ce qui est primordial.

« Plus de gens expriment le souhait d'une musique dynamiquement similaire à l'ambiance existante que d'une musique ayant l'effet inverse. Le degré de plaisir est légèrement affecté par le type de changement d'humeur qui se produit. [7]

Il est possible que la musique triste soit plus agréable à ceux qui y sont réceptifs que la musique gaie. Néanmoins, toutes choses étant égales par ailleurs, la musique gaie est susceptible de donner un plus grand plaisir à ceux qui souhaitent l'entendre que la musique triste n'en donne à ses adeptes.

Le plaisir de la musique dépend non seulement de son agrément, mais aussi de son caractère familier. Cette reconnaissance peut être une reconnaissance d'identité ou d'idiome. La plupart des gens aiment la musique populaire parce qu'ils en connaissent la forme ou le tempo ; ou parce qu'ils peuvent le fredonner ou le nommer.

Le goût musical du patient peut être facilement déterminé en lui proposant une liste de contrôle contenant les noms d'une cinquantaine de sélections ou plus, comprenant toute la gamme des formes musicales. On peut se faire une idée générale de la popularité des sélections classiques à partir des records de ventes d'enregistrements et de la fréquence avec laquelle certaines pièces sont interprétées par les meilleurs orchestres symphoniques. La popularité des offres contemporaines peut être apprise à partir d'enquêtes publiées dans des magazines tels que *Variety* et *Down Beat* ou en écoutant des émissions de radio telles que « The Hit Parade ».

Le goût musical est étroitement lié à la performance. Si les morceaux choisis sont joués de manière incorrecte ou sans tenir compte de certaines considérations élémentaires, l'utilisation de la musique perdra de sa valeur pour le patient. Une brève considération doit inclure les effets de l'arrangement, du tempo et du volume avec lesquels les sélections sont jouées, car il a été constaté que ceux-ci influencent les effets de la sélection. De nombreuses personnes, lorsqu'on leur demande de nommer leur musique préférée, nommeront un interprète ou un groupe plutôt qu'un morceau spécifique, car elles en sont venues à désirer le style caractéristique des artistes préférés, et le style dans un orchestre est étroitement lié à ces facteurs. Certains auditeurs préfèrent la musique forte, mais il faut se rappeler que même si le son ne devient douloureux que lorsque le niveau de 125 décibels est atteint, il y a certaines personnes pour qui le niveau douloureux est beaucoup plus faible et l'hypersensibilité au son est une source importante de irritation. D'autres peuvent être dérangés par une musique trop rapide, ce dont il faut tenir compte.

Le rôle de l'attente joue un rôle important dans le goût. La plupart des gens qui ont été conditionnés à s'attendre à l'utilisation classique de la gamme et de l'harmonie traditionnelle ne peuvent pas trouver de joie dans la structure tonale inhabituelle des modernes, comme en témoignent Schönberg ou même Stravinsky. L'hospitalisation n'est pas la période de la vie appropriée pour s'endoctriner dans les beautés des innovations.

Le goût musical est acquis et toujours relatif, et repose, comme le souligne Diserens [24] , sur « l'habitude d'entendre ». Une illustration historique en est l' évolution des consonances. Les Grecs considéraient l'octave comme la seule véritable consonance. Au Ve siècle, les cinquième et quatrième intervalles furent admis à cette classification. Au XIe siècle, la tierce majeure est acceptée comme telle, mais la tierce mineure doit attendre le XIIe siècle. « En musique, l'habitude d'entendre est la Loi, et à travers elle, l'exception d'hier devient la règle d'aujourd'hui. »

La meilleure analyse de l'appétit musical se trouve dans la déclaration de saint Thomas d'Aquin : « Bonum est in quod tendit appetitus » : le bien est celui vers lequel tend l'appétit. Nous le répétons, il n'y a pas de bonne ou de mauvaise musique. La musique peut être mal jouée, mais l'évaluation du bien qu'elle contient est personnelle. "Le plaisir, et le plaisir seul, est le but propre de l'art", disait Walter Sickert. Les musiciens feront bien de se rappeler que le goût résultant du mélange progressif de l'émotion, de l'expérience et de l'éducation, il vaut mieux savourer à fond « une valse de Lehar que de pouvoir faire une analyse thématique d'une sonate de Beethoven et pourtant rester de marbre ». par cela." [36]

V

**RÉSUMÉ**

Pour les patients non psychiatriques, la programmation musicale doit être basée sur les demandes des patients. Pour la stimulation, les facteurs importants sont un tempo rapide, un rythme accentué et un volume élevé.

Pour la sédation, un tempo lent et un volume réduit sont indiqués, ainsi que des mélodies simples et reconnaissables. Une discussion sur la sélection à suivre est une aide précieuse au plaisir de l'écoute. Des musiciens live doivent être utilisés aussi souvent que possible.

# CHAPITRE TROIS LA MUSIQUE COMME THÉRAPIE PROFESSIONNELLE

Jusqu'à la fin du XVIIIe siècle, le traitement institutionnel des malades mentaux consistait en des soins de garde. Cela signifiait un abri, de la nourriture et de la contention. La qualité du logement variait dans la plupart des cas de très mauvaise à médiocre. La qualité de la nourriture n'était pas aussi variée, elle était tout simplement mauvaise. La qualité de la contention était excellente. À quelques exceptions près, l'engagement signifiait l'internement à vie. Les patients violents étaient enchaînés au mur, car qui pouvait dire quand ils pourraient redevenir violents après une période de calme ? Les dérangés mentaux n'étaient pas considérés comme des patients atteints d'une maladie mentale mais comme des détenus qui avaient perdu leur valeur communautaire et leur attrait social. Le Dr Philippe Pinel, de l'hôpital de la Salpêtrière à Paris, pensait autrement et commençait à considérer ces personnes comme encore humaines. Parmi les réformes qu'il a introduites figurait le recours à des activités pour occuper l'esprit et le corps. Ce concept s'est développé lentement au début, mais a finalement atteint une acceptation universelle, a été considéré comme ayant une réelle valeur thérapeutique et a été nommé ergothérapie.

Durant la Première Guerre mondiale, de nombreux patients militaires ont été hospitalisés pendant de longues périodes en attendant une guérison complète. Il a été constaté que ceux qui s'occupaient d'activités physiques nécessitant l'usage de leurs extrémités blessées retrouvaient l'usage de ces extrémités plus tôt que ceux qui restaient physiquement inactifs. Ainsi est née une branche de l'ergothérapie dite *fonctionnelle* pour la différencier de l'usage psychiatrique antérieur.

L'ergothérapie fonctionnelle est utilisée pour augmenter trois fonctions : la puissance musculaire, la mobilité articulaire et la coordination des mouvements. Il trouve sa plus grande utilité chez les patients qui sont suivis par des médecins spécialistes appelés chirurgiens orthopédistes et neurochirurgiens. Les patients orthopédiques sont ceux qui souffrent d'une maladie ou d'un handicap au niveau d'une ou plusieurs articulations ou os. La maladie articulaire la plus courante est appelée arthrite, dont il existe plusieurs types de variétés. Le handicap osseux le plus courant en temps de guerre est la fracture. L'arthrite empêche généralement le mouvement complet des articulations. Dans certains cas, l'articulation est mise au repos pour accélérer la guérison. Presque tous les os fracturés sont maintenus fixés par des plâtres ou par traction et empêchés de bouger pendant la guérison. Le repos prolongé, nécessité par les maladies des os et des articulations, permet aux muscles de s'affaiblir ou de s'atrophier, et permet également aux articulations de perdre une partie de leur amplitude de mouvement. Lorsque l'évolution de la maladie atteint un point où le repos n'est plus nécessaire, l'objectif principal du traitement médical est de restaurer les fonctions antérieures. Cela signifie la restauration du pouvoir et de la mobilité. Ceci est accompli au moyen de la physiothérapie et de l'ergothérapie. La physiothérapie comprend l'utilisation de chaleur, de massages et d'exercices guidés. L'ergothérapie, c'est l'exercice par le travail – un travail utile et productif assorti d'incitations. L'incitation est double : produire quelque chose d'utile et accélérer le rétablissement.

Les patients qui ont subi une destruction ou une autre maladie des nerfs qui activent leurs muscles développent divers degrés de perte de puissance musculaire appelée paralysie ou paralysie. Lorsqu'un nerf est pressé ou coupé, il guérit généralement de manière à permettre le retour de la puissance musculaire. Pendant la durée de son altération, il se produit non seulement une perte de puissance, mais aussi fréquemment des perturbations concomitantes de la peau, des articulations et d'autres fonctions encore. Par suite de la perturbation nerveuse ou de la désuétude qui s'ensuit, la partie du corps paralysée perd la capacité d'utiliser ses muscles avec facilité et avec le maximum d'économie. Il n'y a presque aucun mouvement effectué par un seul muscle. La plupart des activités résultent de la contraction d'un groupe de muscles et ceux-ci sont généralement en équilibre délicat avec d'autres groupes de muscles qui aident ou préviennent la suraction. L'ajustement délicat des groupes musculaires, qui est normalement présent, se traduit par des mouvements coordonnés. Suite à une maladie nerveuse ou, par ailleurs, à une immobilisation des articulations et des muscles, la coordination est généralement plus ou moins perdue. Les muscles doivent être réentraînés pour travailler ensemble. Une telle coordination peut être accomplie par des exercices spéciaux, mais encore plus rapidement et efficacement en imitant les mouvements de la vie. C'est le but de l'ergothérapie fonctionnelle.

Il existe d'autres pathologies qui peuvent bénéficier du recours à l'ergothérapie. Ceux-ci incluent d'autres handicaps qui s'accompagnent d'une perte de puissance, de mouvement ou de coordination. Lorsque la peau est brûlée, la guérison s'accompagne généralement d'un certain degré de cicatrisation. Si la cicatrice comprend une articulation sur sa surface fléchisseur (c'est-à-dire à l'intérieur du pli), il en résultera une déformation connue sous le nom de contracture de flexion. Si rien n'est fait, le processus invalidant deviendra progressif et atteindra un jour un stade au-delà de la correction autre que celle offerte par la chirurgie plastique. L'étirement précoce de ces articulations empêchera non seulement une invalidité progressive, mais pourra également entraîner une certaine amélioration.

De nombreuses autres indications pour le recours à l'exercice professionnel seront satisfaites, mais comme il ne s'agit pas d'un texte de médecine, les types de handicaps précédents serviront d'exemples des affections couramment observées.

Les métiers utilisés pour la première fois dans le travail fonctionnel étaient des héritages de ceux qui étaient les plus bénéfiques pour les maladies mentales et étaient pour la plupart reposants et simples, comme la vannerie, le tissage et les arts graphiques. Plus récemment, presque tous les arts et métiers ont été utilisés, ainsi que les outils motorisés.

Les résultats de l'exercice professionnel dépendront de l'attrait des objets qui peuvent être produits, de l'énergie requise, de la compétence et de la patience de l'ergothérapeute et du patient, ainsi que du stade et de l'étendue du handicap. Pour ceux qui ne sont pas « bricoleurs », ou qui sont devenus de plus en plus maladroits avec le handicap, il peut y avoir de l'impatience, de l'ennui et de la fatigue. L'ergothérapie est toujours à la recherche de nouvelles activités ou modalités telles qu'elles sont connues dans la pratique. La musique peut être utilisée comme exercice en ergothérapie ainsi que comme fond et intermèdes de relaxation.

Les doigts des pianistes et violonistes professionnels sont très forts, car la manipulation instrumentale requiert et développe force et coordination. La musique en tant qu'exercice peut être utilisée non seulement pour son effet sur la plupart des articulations et des muscles du corps, mais aussi pour augmenter l'utilisation des poumons et du larynx. Il concentre l'attention grâce à l'utilisation des sens visuels, auditifs et tactiles et stimule l'activité mentale et l'intérêt.

De nombreux instruments peuvent être utilisés pour la mobilisation des articulations et des muscles. Lorsqu'un instrument de musique est prescrit comme activité ergothérapie à un patient, il peut y avoir une certaine résistance de la part du patient en raison d'un manque de formation générale ou musicale, ou de la peur d'étudier quelque chose de nouveau. Le succès avec lequel cette résistance pourra être surmontée dépendra de l'habileté de l'aide musical non seulement en tant que musicien mais aussi en tant que professeur. L'aide musicale devra convaincre le patient que les principes fondamentaux de la musique sont beaucoup moins difficiles à apprendre qu'on le croit généralement. Une grande partie de la notoriété concernant les cours de musique se développe parmi les enfants qui n'aiment pas la réglementation, les interférences avec leurs périodes de jeu et le temps qu'il faut à l'aiguille des minutes pour faire le tour de l'horloge. L'aide musicale peut citer cette observation et impressionner le patient par la plus grande facilité avec laquelle les adultes apprennent à jouer. L'intérêt peut être éveillé en nommant d'autres patients qui ont récemment appris à jouer et en démontrant les avantages qu'offre la musique pour une guérison plus rapide.

Quelle que soit leur attitude initiale envers les cours de musique, la plupart des patients seront bientôt satisfaits de leurs progrès et de leur capacité à maîtriser la notation musicale. Les visites à la boutique d'artisanat se feront généralement sur rendez-vous et le patient partira dès que son « temps » sera écoulé. Les connaissances nouvellement acquises grâce à l'enseignement instrumental maintiendront le patient au travail plus longtemps et l'assistant musical le verra revenir pour une pratique ultérieure sans l'amadouer et pendant des périodes souhaitablement plus longues.

*Piano.* Avant d'envisager l'utilisation du piano en ergothérapie, il convient de revoir les travaux d'Ortmann [64].

Une articulation est le point de connexion de deux os. Dans toute articulation mobile, la caractéristique essentielle est le glissement d'une surface sur une autre. Aux côtés des deux os, près de leurs extrémités, se trouvent des ligaments solides et inélastiques qui maintiennent les articulations dans la cavité articulaire et qui empêchent l'articulation de dépasser son amplitude de mouvement normale. Mais la fonction de maintenir les os ensemble et de les maintenir dans des positions différentes appartient aux muscles contrôlants. Les os sont généralement activés par au moins deux ensembles de muscles qui effectuent des mouvements dans des directions opposées. Normalement, les muscles sont soumis à une tension légère mais constante appelée *tonus* , et la traction simultanée des muscles des deux côtés de l'articulation rapproche les surfaces osseuses et maintient le muscle dans un état qui permet une action immédiate.

Les articulations bougent grâce aux contractions des muscles. La plupart des mouvements ne sont pas effectués par un seul muscle, mais plutôt par la contraction coordonnée de divers muscles et la relaxation simultanée de leurs antagonistes. À la suite des contractions musculaires, un changement chimique se produit qui produit dans le muscle des substances qui interfèrent avec le bon fonctionnement musculaire. Habituellement, ces déchets sont emportés par le sang en circulation à une vitesse suffisante pour éviter des effets visibles. Toutefois, si le muscle produit ces produits chimiques délétères plus rapidement que la circulation sanguine ne peut les éliminer, il en résulte de la fatigue. La première manifestation de fatigue est l'incapacité à se détendre, et la deuxième contraction peut être initiée avant que la relaxation ne soit complète. Le deuxième effet de la fatigue est l'interférence avec la vitesse et la qualité de la contraction. Seules des périodes de relaxation relativement brèves sont nécessaires à une récupération complète, mais ces périodes sont importantes. Lorsque des muscles normaux s'exercent au piano, la limite de fatigue est rarement atteinte, mais pour les muscles affaiblis des patients, il faut se prémunir contre la fatigue en limitant la durée du jeu continu et en prévoyant des interludes de repos appropriés. Le jeu du piano ordinaire offre de courtes périodes de repos car il y a une relaxation réflexe après la production du son et il faut moins d'énergie musculaire pour maintenir la touche enfoncée que pour l'enfoncer.

Les muscles sont excités en contraction par de minuscules impulsions bioélectriques qui pénètrent par leurs nerfs moteurs, mais la propriété de contraction est indépendante du nerf et peut également être accomplie par des stimuli externes artificiels d'électricité ou de force mécanique. La qualité de la contraction est une fonction régie par la santé et la nutrition du muscle. La nutrition du muscle dépend de son apport sanguin, qui dépend en partie de sa chaleur. Les mouvements délicats sont difficiles pour les muscles froids et un réchauffement artificiel est conseillé avant l'exercice, ce qui revêt une plus grande importance par temps froid.


Du point de vue de l'intérêt et de l'enseignement du patient, le piano est le meilleur instrument. Lorsqu'il est équipé de pianola, c'est le seul instrument qui offre le plus large éventail d'activités. Le piano étant difficile à déplacer, le jeu est limité à la pièce dans laquelle il se trouve et il n'y a aucune raison de s'inquiéter de son interférence avec les autres patients si la salle de pratique est insonorisée ou située à une certaine distance des autres patients. Le piano offre d'excellentes possibilités de flexion des doigts et du pouce, d'extension, d'abduction et d'adduction du poignet, ainsi que de flexion et d'abduction des épaules et d'exercice du cou et du dos.

Le piano peut être adapté pour être utilisé par des patients dont les extrémités sont dans des plâtres suspendus, qui peuvent être soutenus par des dispositifs d'élingue fixés au piano ou au cou du patient. Il peut même être utilisé de manière satisfaisante avec une attelle d'avion encombrante si l'on remplace la chaise de piano habituelle par un banc très bas. La hauteur du banc peut être réglée de manière à ce que le clavier et la main soient au même niveau, et le défi de cette position incitera le patient à essayer d'autant plus d'utiliser ses doigts.

Pour les contractures résultant de brûlures aux mains, le piano offre un excellent moyen d'augmenter le mouvement des articulations. En appuyant sur les touches, les doigts sont fléchis de force. La surface de la touche est beaucoup plus large et plus facile à gérer que celle de la touche d'une machine à écrire. Le piano offre donc moins de dissuasion psychologique que la machine à écrire. Les erreurs au piano sont moins gênantes car il n'y a rien à effacer sauf un souvenir, et le souvenir des choses désagréables est heureusement de courte durée. Grâce à des arrangements musicaux spéciaux et à des notations supplémentaires écrites à côté des notes imprimées, certains doigts peuvent être exercés seuls ou dans n'importe quelle combinaison souhaitée. L'exercice physique ou la coordination de doigts sélectionnés peut être obtenu de manière plus subtile par l'utilisation d'une musique marquée que ce qui est possible avec la plupart des métiers. Certains instructeurs peuvent préférer marquer les touches du piano avec les lettres auxquelles elles correspondent, mais cela n'est pas vraiment nécessaire dans l'enseignement aux adultes. Un grand schéma des touches du piano placé au-dessus de la gamme musicale pour laquelle elles représentent peut être avantageusement placé sur le mur au-dessus du piano.

Il est recommandé que les premières leçons de piano durent quinze minutes et que la durée soit augmentée de cinq minutes par jour jusqu'à ce que la leçon occupe une demi-heure. Dans la mesure où l'effort du jeu du piano est très léger, la première leçon peut durer trente minutes si le médecin le décide. Le patient doit être encouragé à pratiquer librement à d'autres moments de la journée, dans la mesure où son intérêt peut être soutenu. Une attention particulière doit être portée à l'utilisation des doigts nécessitant de l'exercice. Comme c'est le cas dans toutes les formes d'ergothérapie fonctionnelle, le patient impatient tentera d'accélérer son travail en utilisant des articulations non affectées ou en utilisant mal les muscles. L'aide musical doit se prémunir contre cette tentation. Bien qu'il faille utiliser de la musique standard pour débutants, il est bon que l'enseignant utilise des arrangements simples d'airs populaires à chaque séance pour stimuler le patient. Si le patient exprime le désir de jouer une certaine mélodie, l'instructeur doit écrire son propre arrangement si aucun n'est disponible.

Les touches du piano peuvent être atteintes efficacement de plusieurs manières et il est possible d'exercer presque tous les muscles du membre supérieur en jouant à différents niveaux. Pour exercer les muscles de la ceinture scapulaire, des notes fortes peuvent être jouées en gardant les mains fixes et en levant et en abaissant les épaules. L'épaule elle-même peut être enlevée et ajoutée par de larges mouvements latéraux le long du clavier. La flexion et l'extension du poignet s'effectuent par des mouvements saccadés. Le mouvement latéral des poignets est partiellement limité par la structure osseuse mais peut être réalisé par un travail d'arpège.


L'action du pouce joue un rôle très important dans le jeu du piano. L' action *opposée* (toucher le dernier doigt avec le pouce) est très nécessaire pour jouer *des arpèges* , en particulier avec de grands intervalles joués *legato* . En fait, il n'existe pratiquement aucune activité intentionnelle connue qui soit plus utile pour exercer pleinement l'éventail de l' *adversaire* que cette activité. La musique doit être doigtée avec des chiffres qui maintiendront l'index sur une note pendant que le pouce passe en dessous pour la note immédiatement supérieure à un intervalle de deux ou trois tons. Pour appuyer sur la touche, une flexion du pouce est nécessaire. Le pouce peut être enlevé à presque n'importe quel degré en jouant des accords ou en jouant des passages *legato*.

Tous les mouvements des doigts sont possibles. Pour l'extension active ou passive des doigts, il faut faire grand usage des touches noires. Si la main est maintenue en position pour jouer les notes blanches de manière normale, les touches noires ne peuvent être jouées que par extension. Différents degrés de flexion des articulations sont possibles par le jeu ordinaire. La propagation des doigts, fonction des muscles interosseux dorsaux, peut être réalisée en pratiquant des accords, dont l'envergure doit être augmentée à mesure que la puissance et la portée s'améliorent.

*Violon*. Dans la plupart des activités nécessitant l'utilisation des deux mains, les mouvements les plus délicats sont effectués par la main droite chez les droitiers. Pour la famille des violons, la situation est inversée et ces instruments à cordes sont de la plus grande valeur pour l'exercice du doigt gauche et du coude droit. Si l'intérêt du patient est grand, il n'y a aucune raison pour que les positions normales ne soient pas interverties afin que le doigté soit accompli par la main droite sur un violon à cordes inversées.

Le violon est recommandé pour la flexion du doigt gauche, mais il est plus utile pour la flexion et l'extension du coude droit. Il est secondairement utile pour la flexion et l'extension du poignet ainsi que pour l'abduction et l'adduction de l'épaule. L'analyse du mouvement du violoncelle et de la basse de viole est similaire à celle du violon. Les instruments plus lourds nécessitent plus de mouvement au niveau de l'épaule. Les instruments à cordes sont moins populaires que le piano car deux techniques fondamentales doivent être apprises simultanément ; doigté correct et archet correct. La vibration des cordes du piano frappées est relativement uniforme avec des pressions variables , mais la qualité du son du violon tel que produit par le débutant peut être décourageante et désagréable.

*Instruments à plectre*. Les instruments à plectre permettent un excellent exercice du poignet de la main droite et des doigts de la gauche. Le ukulélé, lorsqu'il est brossé avec les doigts, offre une meilleure extension de ceux-ci que l'on trouve dans la plupart des métiers. La guitare offre une flexion encore plus forte pour les doigts qui enfoncent les cordes que le violon. Tous ces instruments nécessitent une supination et une pronation du poignet ainsi qu'une certaine flexion et extension du coude. Ils sont plus populaires que les instruments à archet et ont l'avantage supplémentaire d'être si faciles à apprendre que l'interprète sera capable de jouer des accompagnements de chansons simples dans un laps de temps relativement court. La variété des instruments de cette catégorie permet un large éventail de besoins énergétiques.

*Instruments à pied.* Bien qu'il existe plusieurs instruments dans lesquels les membres inférieurs sont utilisés, il n'y en a que deux qui soient facilement adaptables à un usage hospitalier : le pianola et l'orgue de salon. Pour les premiers, aucune connaissance ni capacité musicale n'est requise et son utilisation est ouverte à tous. La distance entre le banc et les pédales déterminera dans une certaine mesure l'énergie dépensée et l'amplitude des mouvements articulaires pouvant être accomplis. La vitesse de jeu est liée à l'énergie nécessaire. Si la bibliothèque de rouleaux de pianola est suffisamment grande et inclusive pour répondre aux exigences du goût du patient, on peut s'attendre à une quantité de travail adéquate.

L'organe pompé par le pied est également un excellent exercice pour la cheville. Même les non-initiés trouveront un certain intérêt dans le timbre des notes et les qualités du son émis lors du tirage des différents jeux. Les sons persistants et la nouveauté de jouer d'un orgue, qui n'est plus monnaie courante à la maison, sont de grandes incitations à jouer. L'enseignement de l'orgue, qui a un clavier plus petit et une manipulation plus lente que le piano, est agréable et simple. Pour les handicaps combinés des membres supérieurs et inférieurs, l'orgue est un excellent instrument. Chaque service de musique d'un hôpital devrait en posséder un. Il y a suffisamment d'organes inutilisés dans les greniers de ce pays pour répondre aux besoins de la plupart des hôpitaux.

La grosse caisse avec pédale attachée n'est évidemment pas un instrument solo, mais lorsqu'elle est utilisée en ensemble ou avec un ensemble complet de pièges et de caisse claire, elle peut susciter un certain intérêt et apporter certains avantages aux personnes souffrant de handicaps à la cheville. Son utilisation est limitée à l'activité des muscles et des articulations situées sous le genou. Il peut être utilisé par les patients portant une attelle de jambe pivotante au niveau de la cheville.

*Instruments « de poche ».* De tous les instruments à vent disponibles pour l'instruction des débutants, ceux qui ne nécessitent aucune connaissance de l'anche ou des lèvres sont les plus souhaitables. Le plus simple à jouer est le « kazoo », ou tout autre instrument qui reprend le principe d'une membrane vibrant au son de la voix humaine. Seule la capacité de fredonner est nécessaire et elle est précieuse pour le patient qui est difficile à enseigner car elle permet même aux plus ennuyeux de participer. Le kazoo est particulièrement utile pour les enfants ou les patients psychiatriques et peut fournir la mélodie des « groupes rythmiques ». L'ocarina, la flûte chantante et les instruments apparentés sont relativement faciles à maîtriser mais le son émis est ennuyeux pour beaucoup. L'enregistreur est facile à jouer et produit un son agréable. L'harmonica a été développé pour devenir un instrument qui n'est pas désagréable à écouter, mais les efforts du débutant peuvent ne pas être les bienvenus. Le fifre demande plus d'efforts pour fonctionner et est dur aux oreilles de certains. La flûte est trop difficile à utiliser à l'hôpital et le débutant, anxieux, pourrait éprouver un « évanouissement » dû à un souffle prolongé.

Les instruments à vent à anches et en cuivre ne sont pas adaptés à une utilisation fonctionnelle. Leur utilisation est limitée aux patients chroniques en raison du temps important nécessaire pour apprendre à les utiliser de manière satisfaisante.

Les instruments à vent peuvent être utilisés chez les patients dont la pathologie pulmonaire s'est tellement dissipée que le médecin estime qu'un exercice pulmonaire est indiqué. L'utilisation précoce d'exercices pulmonaires après une pneumonie virale atypique s'est avérée particulièrement bénéfique.

Les instruments à vent peuvent également être utilisés pour exercer les muscles du visage pendant la phase de récupération de la paralysie faciale. Leurs possibilités d'étirer les cicatrices autour de la bouche et des joues doivent être prises en compte.

*Instruments à percussions.* La caisse claire offre du mouvement aux poignets, aux coudes et aux épaules. Peu d'hommes ou d'enfants peuvent résister à la tentation de jouer de la caisse claire. Le désir de jouer longtemps n'est pas trop grand, mais si de la musique enregistrée est jouée pendant l'exercice, la durée peut être prolongée pendant une période adéquate. La grosse caisse, comme mentionné précédemment, permet la flexion et l'extension de la cheville lorsqu'elle est utilisée avec la pédale, ce qui peut également être rendu intéressant si de la musique enregistrée est jouée simultanément.

D'autres instruments de percussion ne sont peut-être pas généralement disponibles dans les hôpitaux mais les possibilités qu'ils offrent seront répertoriées. Le tambour de la bouilloire offre une rotation des bras. Le xylophone et le marimba n'évoquent pas de grandes amplitudes de mouvement mais mettent en jeu les muscles des membres supérieurs, du cou et du dos et favorisent la coordination. Pour les enfants, le xylophone jouet est un jouet bienvenu et une excellente forme d'ergothérapie pour les membres supérieurs. Un nouveau jouet, le *Typatune*, fonctionne comme une machine à écrire et permet d'exercer les doigts.

Il existe encore d'autres instruments qui peuvent être classés comme instruments de musique et qui offrent des possibilités d'exercice. Il est tout simplement possible qu'un orgue à main portable soit disponible. La nouveauté d'en exploiter un ne doit pas être sous-estimée en tant qu'incitation au travail, en particulier chez les plus jeunes. La vielle à roue et la victrola à manivelle permettent d'exercer le poignet, le coude et l'épaule.

En plaçant ces instruments à différentes distances du sol ou du patient, de nombreuses amplitudes de mouvement peuvent être obtenues.

La harpe offre un excellent exercice aux muscles dentelés ainsi qu'aux muscles et articulations des membres supérieurs, mais son fonctionnement est plus compliqué que celui de la plupart des instruments, et même s'il était disponible, il nécessiterait l'instruction d'un harpiste, dont il existe sont trop peu nombreux.

## TECHNIQUE

L'affectation des patients au jeu d'instruments doit être effectuée de la même manière que les autres affectations en ergothérapie fonctionnelle. Le médecin doit prescrire l'instrument qui répond le mieux aux besoins du convalescent. Il devra expliquer à l'aide musical en présence d'un ergothérapeute les mouvements souhaités et les précautions à respecter. Il doit fixer les limites de temps pour la première leçon et les suivantes. En général, on peut dire que le premier cours devrait durer une quinzaine de minutes, ou jusqu'à ce que le patient montre des signes de fatigue. Cette période devrait être étendue progressivement jusqu'à une demi-heure. Le patient doit être encouragé à revenir à l'instrument aussi souvent que possible pour des études plus approfondies. Lorsque le nombre de patients recevant des cours est important, un horaire régulier de périodes de pratique supplémentaires devra être affiché. Après une période relativement courte, la phase musicale de l'ergothérapie se déroulera sans problème et le médecin pourra déléguer la plupart des détails à l'ergothérapeute, qui devra superviser fréquemment les leçons pour s'assurer du mouvement articulaire souhaité et constater les progrès. L'ergothérapeute doit prendre des mesures et des notes de progrès. Lorsqu'elle est correctement supervisée, l'utilisation de la musique en ergothérapie fonctionnelle peut être aussi scientifique que n'importe quelle autre branche de l'ergothérapie et constitue actuellement la seule utilisation de la musique qui peut à juste titre être qualifiée de « musicothérapie ».

Le tableau suivant est proposé comme référence pour certains des mouvements possibles avec quelques-uns des instruments décrits.

| *Partie* | *Mouvement* | *Instrument* |
| --- | --- | --- |
| Des doigts | Tous | Piano |
| Des doigts | Extension | Ukéléle |
| Pouce | Tout sauf l'adduction | Piano |
| Poignets | Flexion-Extension | Piano |

| Coude | Pronation-Supination | Guitare |
| Coude | Flexion-Extension | Violon |
| Épaule | Enlèvement—Adduction | Piano |
| Cou | Tous les mouvements | Xylophone |
| Dos | Tous les mouvements | Basse de viole |
| Les hanches | Enlèvement—Adduction | Organe |
| Genoux | Flexion-Extension | Pianola |
| Chevilles | Flexion-Extension | Orgue de salon |

## VOIX

Le chant est utilisé depuis longtemps pour traiter le bégaiement et d'autres troubles de la parole. Le chant peut également être utilisé pour exercer les mâchoires, le larynx, les poumons et le diaphragme. Avec une instruction appropriée, le chant peut être un excellent exercice pour les muscles de la poitrine et de l'abdomen ainsi qu'un exercice de respiration.

Pour le patient ayant une mâchoire fracturée récemment par un câble, le chant donne un mouvement articulaire doux et redonne confiance dans la capacité à utiliser à nouveau la mâchoire. La même chose s'applique aux patients présentant une pathologie de l'articulation temporo-mandibulaire en convalescence. Un patient dont les mouvements de la mâchoire sont faibles ne peut pas bien articuler, mais peut chanter plus comme un patient en bonne santé que parler. Le chant peut commencer au niveau du bourdonnement et progresser via la pratique des gammes jusqu'à l'enseignement réel du chant.

Lorsque plusieurs patients sont disponibles pour des exercices vocaux, un trio, un quatuor ou tout autre arrangement de groupe suscitera un plus grand intérêt. Sauf dans les hôpitaux dédiés au traitement des maladies chroniques, le turnover des patients rendra le chant de groupe incertain.

---

### NOTES DE BAS DE PAGE :

[II.] *« Une discussion a eu lieu en 1913 sur la signification physique de cette qualité mystique appelée « toucher » par laquelle un joueur tente de varier la qualité des notes... mais il a été conclu que la vitesse de frappe était tout ce que cela signifiait. peut être modifié par le joueur. »*

*Richardson, EG—Son, p. 106*

---

# CHAPITRE QUATRE
# PSYCHIATRIE ET MUSIQUE

"Sa musique me rend fou, qu'elle ne sonne plus,
Car même si elle aide les fous à retrouver leur esprit, il me semble qu'elle
rendra fous les sages."
*Richard III* , Shakespeare

Gaston [31] estime que

« La raison fondamentale de l'art tout au long de l'histoire de l'humanité a
été les bienfaits qui en résultent en matière d'hygiène mentale. L'envie
créatrice commune, le désir de diversion et la recherche d'une expression
satisfaisante existent chez tous. La musique – avant tout l'art – garantit la
satisfaction de ces pulsions élémentaires, et c'est là que réside sa plus grande
valeur.

Le pouvoir suggestif de la musique a donné naissance à une série de légendes
qui remontent à l'origine même de la civilisation. Mais les méthodes de
physiologie expérimentale, si précises dans l'étude des fonctions organiques,
ne permettent pas d'obtenir une image claire et facile en présence de réactions
aussi complexes et subjectives que celles de l'émotion esthétique et des
plaisirs artistiques. La tâche d'évaluer l'effet de la musique sur l'esprit est
rendue de plus en plus difficile par l'équation personnelle, et quand à cela
s'ajoute la distorsion de la maladie mentale, une grande prudence doit être
utilisée dans l'approche, la technique et les recommandations à suivre dans le
utilisation de la musique appliquée à la psychiatrie [27]. Altschuler [3] constate
que la musique stimule la libido, qu'il définit comme

« la grande puissance amorphe, l'étincelle vitale, d'où prennent leur origine la
volonté de plaisir, le désir d'aimer ou la passion de procréer. »

Il croit que la musique est le seul « médicament » qui aide à convertir les
forces instinctives en formes socialement acceptables.

« Stimulé par la musique, l'homme peut encore offrir à ses humbles instincts
des expressions libres, camouflées par le jitter-bugging et le boogie-
woogieing... En effet, il y a un sens thérapeutique chez un agent capable de
réconcilier l'instinctuel avec le social, et le sensuel. avec le spirituel. »

La relation entre la musique et l'esprit est évidente, mais la nature de la
relation qui a conduit certains musiciens à revendiquer facilement leur talent
artistique reste pour la plupart des psychiatres un domaine tentant mais
obscur. La plupart des écrits sur ce sujet ont été rédigés par des musiciens et
les soi-disant résultats obtenus avec la musique chez des patients mentaux
ont été évalués sans avis médical ni recours à une méthode scientifique. Les

médecins hésitent à accepter de nouvelles idées qui ne sont pas fondées sur des preuves incontestables. Des profanes enthousiastes pourraient qualifier cela de réactionnaire, et ils n'auraient pas entièrement tort. C'est la réaction à la diffusion trop rapide du folklore, des cultes et des remèdes contre lesquels les médecins ont dû lutter pour maintenir la médecine au niveau le plus élevé possible. C'est le seul outil avec lequel ils peuvent protéger les malades contre des personnes sans scrupules, voire bien intentionnées, qui, pour un gain personnel ou avec une conviction mal fondée, promettent des guérisons en citant des résultats accidentels ou falsifiés. Selon la coutume, l'éthique et les lois de l'État, le traitement de la maladie relève de la compétence du médecin agréé.

Le terme « thérapie musicale » a été appliqué presque exclusivement au traitement des maladies mentales par la musique. Le terme « thérapie » dérive d'un verbe grec qui signifie *guérir* . Une cure ne peut être pratiquée et déterminée que par un médecin qualifié, ou sous sa direction. Les réclamations peuvent être faites par n'importe qui. Pour établir la valeur curative de toute procédure, certains critères doivent être respectés. En premier lieu, la maladie doit être classée avec précision afin que l'affection d'une série de patients puisse être scientifiquement regroupée pour être étudiée. Ensuite, l'agent thérapeutique doit posséder des qualités de constance permettant un dosage contrôlé. Enfin, l'administration appropriée de l'agent dans le même état pathologique doit montrer un pourcentage raisonnablement élevé de résultats dont il peut être prouvé qu'ils sont utiles dans le contrôle ou l'élimination des symptômes ou de la maladie.

Jusqu'à il y a relativement peu de temps, les causes de la plupart des maladies étaient inconnues et les maladies étaient nommées en fonction de leurs caractéristiques superficielles. La plupart des maladies nouvellement nommées sont désignées par les agents qui les provoquent ou par les variations par rapport à la normale trouvées dans les tissus du corps qu'elles affectent (pathologie). En psychiatrie, la plupart des maladies portent des noms appliqués à leur apparence extérieure.

Une simplification des termes classe la maladie mentale en trois classes générales. Psychoses, psychonévroses et troubles du comportement. Les subdivisions de ces classes ne sont pas universellement acceptées et le musicien qui travaille dans un hôpital psychiatrique se familiarisera bientôt avec la terminologie en usage localement.

À titre de guide de vocabulaire plutôt que d'introduction à la psychiatrie, un bref aperçu de certains des principaux symptômes de la maladie mentale sera énuméré. Le matériel scientifique est basé sur l'excellent texte de Noyes [62].

La liste suivante des maladies mentales les plus courantes est basée sur la classification proposée par le Comité national d'hygiène mentale.

*Psychoses*

- Parésie générale

- Alcoolique

- Durcissement des artères cérébrales

- Sénilité

- Mélancolie involutive

- Maniaco-dépressive

- Schizophrénie

*Psychonévroses*

- Hystérie – anxiété, conversion

- Hypocondrie

*Déficience mentale*

*Troubles du comportement*

- Inadaptation

- Habitude ou perturbation des conduites

*Personnalité psychopathe*

- Amoral, immoral, émotif

Les descriptions détaillées prêtent à confusion pour le profane car, au sein d'une sous-classe de maladies, les variations possibles en raison de la durée, du moment d'apparition, des antécédents mentaux, etc. sont très grandes. Seules des généralisations seront mentionnées.

Les deux principales divisions de la maladie mentale – la psychose et la psychonévrose – ne sont pas toujours faciles à différencier. Chez le psychotique, la personnalité est généralement déformée, alors que chez le psychonévrotique, la personnalité reste normale par rapport aux réalités du monde et de la vie sociale. Le psychotique est le plus manifestement dérangé, le psychonévrotique passe généralement pour presque normal.

*La parésie générale* est une conséquence tardive de la syphilis. Le patient devient de plus en plus oublieux et désintéressé de son environnement et de ses relations sociales. Il y a une perte progressive du jugement et des autres facultés mentales. L'expression du visage devient vide et l'élocution trouble. Il s'agit de la maladie dans laquelle le réflexe du genou disparaît, une indication communément associée aux « fous ». Il s'agit d'une maladie évolutive qui devient de plus en plus difficile à traiter à mesure qu'elle progresse. Le traitement, au moment d'écrire ces lignes, consiste en l'utilisation de médicaments contenant de l'arsenic et en la production de fièvre chez le patient. Les résultats ne sont généralement pas remarquables. Le retour à la normale est inhabituel. La musique destinée à ces patients ne peut en aucun cas être conçue comme curative ou même utile.

*La psychose alcoolique* résulte d'un excès continu de consommation d'alcool. Le patient est généralement réticent à être critiqué parce qu'il est convaincu que ses revers l'ont poussé à boire. La consommation prolongée d'alcool relâche les inhibitions, produit des actions antisociales et entraîne davantage de chagrins à noyer dans davantage d'alcool. La psychose alcoolique commence généralement soudainement par une confusion mentale, des contractions musculaires appelées tremblements et des pensées imaginaires visuelles vives appelées hallucinations. Le traitement de ces patients comprend le sevrage de l'alcool et l'utilisation de mesures sédatives. L'une de ces mesures consiste à prendre un bain prolongé dans une baignoire dont l'eau est juste en dessous de la température du corps. Une fois que le patient a récupéré jusqu'au stade de convalescence, la musique peut être utilisée. Certains alcooliques aiment se joindre aux chants de groupe, surtout si le groupe est composé exclusivement d'autres personnes ivres. Tout encouragement à rejoindre des non-alcooliques dans un chant de groupe, ou toute utilisation de musique susceptible de stimuler un intérêt permanent pour un nouvel instrument ou une diversion serait précieux. Ces patients manquent de discipline qu'ils s'imposent. Si la musique pouvait être utilisée comme discipline, cela pourrait conduire à une diminution de la consommation d'alcool.


*Psychose artérioscléreuse.* Comme son nom l'indique, il s'agit d'une affection touchant les personnes âgées et probablement liée au durcissement des artères cérébrales. Les symptômes peuvent inclure une instabilité émotionnelle, une fatigue mentale, un désintéressement et une certaine perte de mémoire. Le patient commence à paraître et à se comporter vieux. Le traitement comprend des soins de garde, du repos physique et une occupation mentale. La musique se prête bien à cette combinaison. Les favoris d'antan joués doucement pendant plusieurs périodes par jour sont indiqués. Évidemment, lorsque des numéros musicaux spécifiques sont demandés, ils doivent être joués.

Il existe une autre maladie qui ressemble à celle-ci, appelée psychose sénile. Habituellement, cela peut être géré à la maison, et c'est le cas.

*La mélancolie involutive* survient à un âge où certaines fonctions biologiques importantes du corps commencent à régresser ou à involuer. Pour les femmes, cet âge est généralement de quarante-cinq ans, mais pour les hommes, il peut être dix ans ou plus plus tard. Cette maladie est particulièrement visible chez ceux qui n'ont pas mené une vie moyenne auparavant. Une étude de la personnalité de ces patients montre généralement qu'ils étaient des personnes indifférentes et inintéressantes, avec peu d'amis proches. Une expérience défavorable peut susciter inquiétude et troubles. Ils deviennent attristés et exagèrent les péchés mineurs de leur passé. Ils développent de fausses croyances connues sous le nom d'illusions sur leur environnement ou sur eux-mêmes. Au moins la moitié d'entre eux ne s'en remettent jamais complètement.

On ne peut pas faire grand-chose pour eux, si ce n'est encourager une alimentation saine et des régimes d'hygiène pour les maintenir en bonne santé physique. Certains médecins pourraient encourager l'utilisation de la musique chez ces patients afin de détourner leur attention d' eux-mêmes. Les mélodies familières sont recommandées, en raison de la tranche d'âge, les classiques d'antan seront les plus adaptés.

*maniaco-dépressive* est une affection relativement courante dans la plupart des grands hôpitaux psychiatriques. On l'appelle ainsi car un même patient peut connaître des périodes d'excitation ou de dépression séparées par des phases de bien-être apparent. L'étape d'excitation commence par l'arrogance, l'assurance, l'exubérance et l'énergie, et peut superficiellement ressembler à l'ivrogne agréablement turbulent que l'on voit lors d'une convention nationale. Le patient parle rapidement, de manière histrionique et avec un jeu de mots appelé « fuite des idées » car chaque nouvelle phrase suggère de nouvelles idées dans lesquelles le patient va s'embarquer, sortant du courant principal de la pensée. Cette excitation peut se poursuivre au point où la conduite sans fatigue est remarquablement grande. Cela peut être suivi ou non d'une réaction opposée.

Durant la phase dépressive, les patients peuvent se sentir sombres, parler lentement et avoir l'air inquiet. Un sentiment d'incapacité peut conduire à l'auto-punition et à des intentions suicidaires. Les symptômes peuvent évoluer vers une inactivité complète connue sous le nom de stupeur.

La première manifestation de cette maladie est généralement maniaque avec le premier état dépressif des années plus tard. Les crises durent environ six mois ou plus et, bien qu'elles se reproduisent généralement à une date ultérieure, il se peut qu'elles ne se reproduisent pas. Entre les crises, le patient peut paraître tout à fait normal et reprendre ses activités antérieures.

Durant la phase maniaque, des sédatifs sont fréquemment administrés. Une musique stimulante ne ferait qu'augmenter la perturbation. Si le médecin prescrit de la musique, elle doit être de type relaxant, de préférence une sélection qui attirera l'attention du patient par sa familiarité.

Dans la phase dépressive, les patients ne doivent pas entendre de musique joyeuse et gaie. Le divertissement approfondit souvent l'état dépressif en raison du contraste et de la conscience de son propre problème, qui empêche de jouir.

*La schizophrénie* signifie littéralement la division de l'esprit. Il s'agit d'un groupe de conditions dans lesquelles le mélange harmonieux habituel d'émotions, d'intellect et de pulsion est désorganisé en une inactivité apparente et en une apathie qui en résulte. Dans le type *simple*, le patient ne s'intéresse plus à son environnement et à ses responsabilités. Ce résultat se voit chez le vagabond et le délinquant.


Dans le type dit *catatonique*, il existe des phases d'excitation ou de stupeur. Dans l'état de stupeur, l'attitude du patient ressemble à celle d'un automate. Dans cet état, il est difficile d'établir un contact avec le patient qui refuse de coopérer ou même de bouger. L'excitation catatonique suit parfois la stupeur et se manifeste par la même absence d'émotion inutile, mais peut inclure des actes inattendus de destructivité.

Il existe un autre type appelé *paranoïaque* dans lequel le patient développe de fausses croyances de persécution, et un type hébéphrénique dans lequel le patient devient encore plus inaccessible et inattentif.

La schizophrénie, autrefois considérée comme incurable, est désormais considérée comme pouvant être traitée et environ un quart des personnes atteintes se rétablissent complètement après la première crise.

En traitant ces patients, on s'efforce souvent de promouvoir un intérêt pour les choses réelles et la conscience sociale. Il est nécessaire de stimuler l'attention et de la rediriger vers des choses extérieures au patient. La musique joue un rôle plus important dans cette maladie que dans tout autre état mental, et cette maladie peut concerner plus de la moitié de la population de nombreux hôpitaux psychiatriques.

Altshuler et Shebesta [4] ont essayé la musique dans le traitement de quatre femmes schizophrènes excitées, en association avec l'hydrothérapie. Pour avoir une base d'évaluation de l'effet, la quantité de productions vocales et de mouvements de tête a été enregistrée pendant des périodes de trente minutes. Cette combinaison est appelée « sortie ». Les observations ont été effectuées pendant six semaines, cinq jours par semaine, à raison de deux à trois heures par jour. Deux patients ont reçu des bains continus et deux ont reçu des draps froids et humides pendant les périodes d'observation. Un violoniste a joué derrière un écran pendant les trente premières minutes. Au cours des dix à vingt premières minutes de jeu, aucun changement n'a été noté et les patients semblaient plus ou moins inattentifs à la musique. Bientôt, on découvrit que les airs familiers étaient les plus efficaces pour centrer et retenir leur attention. Ainsi, des patients très bruyants et bouleversés pourraient commencer à chanter une chanson familière avec le violon, gardant leur production d'énergie au même niveau mais passant d'une activité inutile et sans but à une activité dirigée consistant à chanter ou fredonner une mélodie. Il a également été noté que l'effet des airs familiers s'étendait bien au-delà de la fin de la musique, comme en témoigne la poursuite du chant après l'arrêt de la musique. Les valses familières se sont révélées être le meilleur type de musique à utiliser pour calmer les patients, mais elles étaient plus efficaces lorsqu'elles étaient précédées de mélodies plus entraînantes qui retenaient leur attention.

À titre de contrôle, les patients ont été placés dans des draps secs et après vingt à trente minutes de musique, le débit a diminué dans le même degré (50 %) que celui observé avec les patients dans des packs humides. Cela montre que la musique seule pourrait être responsable de l'effet apaisant.

Ces auteurs concluent que l'accompagnement musical tend à prévenir le sentiment que les mesures hydriatiques sont punitives et que le retour de souvenirs réels est un substitut naturel aux états de fantaisie et d'excitation.

Julia Eby [29 ans] estime que

« Si, dans le développement du talent musical d'une personne, l'accent est mis sur le plaisir qu'elle procurera à d'autres auditeurs, elle prend conscience de la signification sociale de ses propres réalisations et cela contribue au développement de la personnalité en tant que membre actif de la musique. la communauté.

« La musique apporte l'énergie émotionnelle nécessaire pour transformer l'insatisfaction en reconstruction mentale. Jouer de la musique suscite des associations qui stimulent l'intellect et si cela suffit, cela donne satisfaction et renforce le respect de soi. Mais « nous devons veiller à ne susciter que les activités qui seront suivies d'un sentiment de réussite ».

"Les stimuli intellectuels de la musique amènent la dépense d'énergie émotionnelle des niveaux inconscients aux niveaux conscients et intellectuellement contrôlés... une concentration sur les stimuli environnementaux au lieu des impulsions intrapsychiques, une persévérance dans l'effort d'ajuster sa propre conduite aux normes du groupe."

Altshuler [2] souligne que le siège de toute sensation, émotion et sentiment esthétique (le thalamus) n'est pas impliqué dans la maladie mentale et est directement attaqué par la musique. La stimulation musicale du thalamus est automatiquement transférée de ce niveau « en dessous de la conscience » au cortex cérébral.

« Une thérapie peu constructive est possible tant que le patient est profondément perturbé ; par conséquent, tout ce qui peut atténuer les perturbations et provoquer une association familière au patient et qui ravivera les pensées à un niveau réel sera souhaitable.

*La psychonévrose* diffère de la psychose dans le sens où le patient reconnaît qu'il est malade et veut guérir, même si son désir subconscient plus puissant ne le fait pas. Plusieurs types sont reconnus.

*L'hystérie* est une réaction inconsciente de la part d'un individu visant à résoudre un problème personnel par l'acquisition d'un ou plusieurs symptômes. Si cela est fait consciemment, cela s'appelle *une simulation* . Tous les symptômes physiques ou mentaux sont possibles. Des exemples d'implication physique sont la cécité, la paralysie, les courbatures et les douleurs. Les manifestations mentales peuvent inclure une perte de mémoire, un délire, etc. L'hystérie permet au patient d'atteindre son objectif et de maintenir son estime de soi. Il s'agit d'un mécanisme d'évasion permettant d'échapper à la responsabilité, d'excuser l'échec ou d'attirer l'attention.

De nombreuses formes de traitement ont été utilisées et chaque médecin utilise sa propre approche. Les méthodes les plus communément acceptées comprennent la psychothérapie, la persuasion, la suggestion et la psychanalyse. La psychothérapie encourage le patient à parler de son état et, avec l'aide du psychiatre, à découvrir la base de ses difficultés. La persuasion logique est utilisée mais n'est pas considérée comme efficace par la plupart. La suggestion sous hypnose est utilisée par certains experts en hypnose. La psychanalyse tente de découvrir les pensées et les expériences subconscientes qui ont provoqué le trouble.

La musique peut être d'une certaine valeur pour ce groupe. Levine [56] estime que

« De nombreuses personnes acquièrent un sentiment de confiance en elles si elles développent des passe-temps comme la musique. Apprendre à jouer d'un instrument de musique peut compenser un sentiment d'infériorité, surtout lorsque l'individu possède des capacités qu'il sous-estime.

L'écoute de musique peut inciter le patient à parler de son état ou de choses qui le troublent. Altshuler [3] estime que là où de grands groupes de patients doivent être traités avec un personnel limité, comme c'est le cas dans les hôpitaux qui traitent des cas de névroses de guerre, le traitement de groupe est la seule solution, et que lorsqu'il y a une psychothérapie de groupe, la musique est indispensable, car elle non seulement peut « transformer n'importe quelle agrégation de personnes en un groupe « organique ». C'est l'un des agents de socialisation les plus puissants.

Harrington [43] estime que la musique a une place importante dans les hôpitaux psychiatriques, même s'il considère l'enseignement technique destiné à des groupes hétérogènes comme indigne de cet effort. Il est convaincu que « le chant de masse a une valeur thérapeutique et qu'une musique instrumentale tamisée pendant les repas est souhaitable ».

Selon Kraines [54]


« Les loisirs et les loisirs sont également des techniques de libération d'énergie extrêmement importantes. L'écoute apparemment passive de la musique peut entraîner une libération d'énergie. La passivité n'est qu'apparente. Celui qui suit la musique a tendance, par identification, à se balancer musculairement avec la musique, en hochant la tête, en tapant du pied ; et même lorsqu'il n'y a pas de mouvement manifeste, il y a souvent un mouvement non observable mais néanmoins défini. Dans de nombreuses formes de musique, de tels mouvements rythmiques ne peuvent être exécutés que par des muscles détendus ; et les personnes tendues qui sont influencées par une musique harmonieuse sont forcément détendues. Certains sanatoriums utilisent très efficacement la danse sur de la musique comme moyen de détendre les patients. De plus, dans cette détente générale et cet appel harmonieux aux sens, la personne « sent » que la paix et l'harmonie existent bel et bien en dehors d'elle et continueront d'exister malgré ses propres troubles ; et par ce « ton émotionnel » général, la personne met de côté ses conflits pour un moment. D'un autre côté, certains types de musique stimuleront les personnes à une activité accrue (par exemple, musique martiale, musique de danse) en raison de leur tendance à effectuer des mouvements rythmiques rapides et saccadés en rythme avec la musique. Le mouvement musculaire rythmique peut, sous l'influence d'un compositeur habile, augmenter jusqu'à rendre la personne excitée, exaltée, etc. Il convient de choisir des débouchés pour la libération d'énergie qui procureront du plaisir au patient.

Dans les établissements psychiatriques chroniques, le bracelet de patient s'est révélé très utile. Pierce [66] croit que

« La musique peut être un effort coopératif pour une discipline saine. Cela tend à briser le sentiment d'isolement si commun aux maladies mentales. Il aide à l'adaptation à l'état mental.

« Premièrement, jouer doit être un plaisir pour les membres. Cela signifie qu'il ne doit y avoir aucune rigueur disciplinaire et qu'il faut faire preuve d'un grand tact pour corriger les erreurs, de préférence en privé afin de ne pas être humiliant pour le patient.

« Deuxièmement, ayez des chiffres simples : sinon les résultats pourraient décourager les patients.

« Les apparitions publiques en dehors de l'hôpital présentent l'avantage de renforcer le respect de soi et la fierté.

« Admettez un petit nombre de membres du personnel hospitalier dans la fanfare, mais pas ceux qui ont de grandes capacités. Plus l'instrumentation est variée, plus le résultat est gratifiant pour les participants.

*La déficience mentale* désigne le développement incomplet de l'esprit qui rend impossible une vie indépendante pour les victimes. Les degrés de déficience sont classés selon les résultats obtenus aux tests d'intelligence : 1. Idiot – âge mental de moins de trois ans. 2. Imbécile – âge de trois à sept ans. 3. Imbécile – âgé de plus de huit ans, mais déficient. Le traitement de ces groupes consiste en des soins de garde et d'hygiène ainsi qu'en toute éducation possible, et bien sûr la musique y jouera son rôle d'une manière purement académique.

### RÉSUMÉ

La musique peut être utilisée en psychiatrie pour sa valeur d'écoute, de participation de groupe et de création sonore, comme suit :

- 1. *En écoutant*

- 

  - A. Pour améliorer l'attention.

  - B. Pour maintenir l'intérêt.

  - C. Pour influencer l'humeur (pour produire de l'euphorie, etc.).

  - D. Pour produire une sédation.

  - E. Libérer de l'énergie (en tapant du pied, etc.).

- 2. *Par participation* (à des chants de groupe, des orchestres, etc.)

- •
  - o A. Favoriser la coopération communautaire.
  - o B. Pour libérer de l'énergie.
  - o C. Susciter l'intérêt.
- • 3. *Par création sonore* (jeu d'instruments)
- •
  - o A. Augmenter le respect de soi par l'accomplissement et le succès.
  - o B. Augmenter le bonheur personnel par la capacité de plaire aux autres.
  - o C. Libérer de l'énergie.

---

# *CHAPITRE CINQ*
# MUSIQUE DE FOND

L'esprit moyen est incapable de s'engager efficacement dans deux processus de pensée simultanément, mais il peut, au cours de sa routine quotidienne, accepter une multitude de stimuli mentaux à tout moment. Si l'un de ces stimuli est sonore, il peut être le complément naturel de l'expérience visuelle sans lequel un sentiment d'incomplétude peut en résulter. L'observateur au bord de la mer est intrigué par le roulement cyclique des vagues, et le fracas périodique des brisants fait partie intégrante du plaisir d'observer les vagues. Pourtant, cette même série de sons peut être très perturbante pour la même personne qui essaie de préparer sa déclaration de revenus dans le calme de son bureau. L'importance du son complémentaire devient plus évidente lorsqu'on étudie la réaction d'un public assistant aux « films » pendant des périodes de silence mécanique défaillant. Le son comme arrière-plan des processus mentaux ou physiologiques peut être naturel ou indésirable, mais il peut être très important. Si elle est soigneusement sélectionnée, il existe peu de situations dans lesquelles la musique ne peut pas être utilisée avantageusement comme arrière-plan pour améliorer la qualité ou le plaisir des activités et de la vie.

À ce stade, il faut répéter que l'importance de la musique dans la vie des gens n'est pas uniforme et que, pour les rares personnes qui n'aiment pas la musique, la musique de fond n'est pas recommandée.

La musique d'ambiance, comme son nom l'indique, est toujours secondaire par rapport à une autre activité. Seules les phases du sujet qui touchent à la vie hospitalière seront abordées ici, et ce sont, par ordre d'importance : la musique qui accompagne les repas, les procédures douloureuses, la gymnastique et le travail. Dans la mesure où ces deux derniers ne sont pas rencontrés dans tous les hôpitaux, ils ne seront que brièvement évoqués. Le sujet de la musique à l'heure des repas est suffisamment important pour être traité longuement et sera abordé dans le chapitre suivant.

La contre-irritation est une méthode très ancienne de traitement de la douleur. Pour les affections douloureuses pour lesquelles un soulagement spécifique ne peut être apporté d'une autre manière, les médecins ont essayé et tentent encore de détourner l'esprit du site et de la gravité de la douleur en transférant leur attention sur une autre zone. Cela peut être accompli en irritant la peau de la zone affectée dans l'espoir que l'inflammation qui en résulte sera plus superficielle et visible et neutralisera ainsi la douleur. Dans un sens moins physique, les gens « se détournent » des sujets déplaisants en s'exposant à l'humour ou à d'autres formes de divertissement. Avicenne, le grand médecin de Bagdad (980-1037 après JC) a inclus dans ses Canons de médecine [37] les suggestions suivantes :

« 1084... Autres moyens d'apaiser la douleur : 3. Musique agréable, surtout si elle incite au sommeil. 4. Être occupé par quelque chose de très captivant supprime la gravité de la douleur.

La musique est utilisée depuis des siècles contre la douleur, non seulement par les musiciens et les médecins, mais aussi par la population. On retrouve cette pratique évoquée dans une lettre de Maria Cosway à Thomas Jefferson concernant sa récente entorse au poignet :

«J'aimerais que tu sois assez bien pour venir nous voir demain... Je divertirais ta douleur avec de la bonne musique [12].»

En 1915, deux chirurgiens nommés Burdick et Kane utilisèrent la musique comme diversion pendant l'anesthésie locale. Ils ont vérifié les préférences musicales du patient avant l'opération et ont diffusé de la musique enregistrée sur des tons étouffés pendant l'opération. Plus tard, ils ont joué de la musique dans une pièce adjacente pendant qu'une anesthésie générale était induite et ont constaté que cela se faisait avec moins de résistance [32]. Depuis lors, d'autres chirurgiens ont utilisé la musique à des fins similaires. Certaines opérations se font sous anesthésie locale et sont prolongées. L'absence de sons autres que des murmures impressionnants ou la présence de propos techniques peuvent alarmer inutilement le patient.

L'utilisation d'une musique bien sélectionnée ou d'un bon programme radio peut s'avérer très bénéfique en salle d'opération. Sa valeur dépendra du chirurgien opératoire et de sa capacité à opérer pendant que de la musique est jouée. Il y a des moments au cours d'une opération où des manœuvres délicates deviennent éprouvantes et une mauvaise musique ou un volume accru peuvent conduire à l'exaspération. Un partisan de la musique en salle d'opération l'a qualifiée d'« anesthésique psychique » [53].

L'utilisation d'anesthésiques locaux en dentisterie a rendu possible l'extraction indolore des dents. Cependant, la plupart des dentistes n'injectent pas d'anesthésiques locaux avant de forer des caries. Pour beaucoup de gens, le forage est une expérience effrayante. Certains dentistes préconisent de jouer de la musique à un niveau fort pendant cette procédure. Un autre encore a intégré des écouteurs dans l'appuie-tête du fauteuil dentaire pour détourner le son.

Une utilisation plus évidente du son de diversion dans les bureaux professionnels est la réception ou la salle d'attente pour compléter les magazines et diminuer la terreur de l'attente. La musique peut également être utilisée lors de traitements aussi longs que la physiothérapie, la radiothérapie profonde et le traitement de la fièvre.

**EXERCICE PHYSIQUE**

Certaines formes d'exercice physique sont réalisées avec plus de succès lorsqu'elles sont accompagnées de musique. Platon recommandait une telle pratique dans sa *République* . Dans les anciennes trirèmes ou bateaux à trois rangées de rames, il y avait toujours un tibicen ou joueur de flûte, non seulement pour maintenir un rythme uniforme parmi les ouvriers, mais pour les apaiser et les encourager. De cette coutume, Quintillien a profité de l'occasion pour dire que la musique nous permet de supporter plus patiemment le labeur et le travail [15].

Lors de la course cycliste de six jours au Madison Square Garden en 1911, des courses de quarante-six milles étaient chronométrées séparément sur trois soirs ; la moitié étaient montées en musique. Le temps moyen passé avec la musique était de 19,6 miles par heure, et sans elle seulement de 17,9 [5].

Tarchanoff a découvert que

"Si les doigts sont complètement fatigués, soit par un effort volontaire, soit par une excitation électrique, la musique a le pouvoir de faire disparaître la fatigue." [74]

Une telle observation ne laisse aucun doute sur le fait que l'effort physique est plus productif lorsqu'il est accompagné de musique.

*Gymnastique suédoise.* Ce n'est pas le lieu de discuter de la valeur de la gymnastique suédoise ou de son utilisation dans les hôpitaux. L'exercice est désormais considéré comme un conditionneur physique important, et la gymnastique suédoise est l'exercice universellement pratiqué. Sa bonne exécution dépendra de la capacité du leader, de la volonté des participants et de l'ingéniosité déployée pour le rendre intéressant. La volonté du groupe peut être renforcée par un grand nombre d'interprètes, mais dans tous les cas, puisque cela est improductif et implique du travail, tout complément susceptible d'accroître l'intérêt est le bienvenu. Les partisans des systèmes suédois et allemand de gymnastique suédoise revendiquent des résultats également bons, mais les premiers n'utilisent aucun accompagnement musical, alors que certaines écoles en Allemagne, en particulier celle de Hellerau, en font un usage intensif. En fait, Dalcroze et ses disciples ont construit toute une philosophie esthétique appelée « Eurythmie » basée sur la relation entre le mouvement du corps et la musique.

Un exercice improductif peut sans aucun doute être rendu plus intéressant par un accompagnement musical. La musique peut réguler l'ordre de l'action en reliant le sens de l'ouïe au sens du mouvement musculaire.

Johnson [51] croyait que la force de contraction musculaire augmente avec l'intensité et la hauteur de la musique qui l'accompagne, et que le point de fatigue est retardé lorsque la gymnastique est donnée à la musique, mais qu'une instabilité peut résulter d'une variation de la partition musicale. Tout ce qui pourrait détourner l'attention de la bonne exécution de l'exercice est un obstacle, et la musique ne doit pas être utilisée tant que l'exercice n'est pas parfaitement maîtrisé. Une fois que l'exercice est devenu une seconde nature, la musique devient très utile car elle agit comme un stimulus et ajoute de l'intérêt.

Il est difficile de bouger en rythme avec la musique. La musique enregistrée la plus populaire est à un tempo trop rapide pour être satisfaisant pour la gymnastique suédoise. Pour cette raison, la musique live est bien plus satisfaisante comme accompagnement, et un seul instrument, de préférence le piano, est le plus adapté. Le pianiste peut s'inspirer du responsable de l'exercice pour le tempo. Le piano doit être joué dans un style rythmique constant et invariable. Des airs et des chansons folkloriques bien connus doivent être utilisés. Le piano doit être joué fort et avec un rythme fortement accentué. Hulbert [49] s'appuyait en grande partie sur des valses, des marches et des chansons folkloriques jouées lentement. Les chansons qu'il a utilisées incluent « Believe Me If All These Endearing Young Charms », « Bonnie Dundee » et « O No, John ». Dans ce pays, des chansons telles que « The Skater's Waltz » et « There's a Long, Long Trail A Winding » sont populaires pour cet usage.

Idéalement, de la musique live devrait être utilisée pour accompagner l'exercice afin que le tempo puisse être facilement ajusté à la vitesse des participants. Si des enregistrements commerciaux doivent être utilisés, ils doivent être soigneusement sélectionnés pour exclure ceux contenant des intermèdes vocaux ou autres qui interrompent la continuité du motif rythmique, et l'opérateur doit faire taire la machine entre les exercices successifs.

L'utilisation de la musique lors des exercices dépendra de la valeur que lui accordera le professeur. Certains trouveront peut-être le temps et les ennuis nécessaires injustifiés. D'autres peuvent y trouver un moyen d'obtenir une meilleure coopération ou un plaisir accru. Il existe une utilisation de la musique dans le cadre d'exercices de groupe qui est fortement recommandée. Avant la période d'exercice proprement dite, le déroulement d'une marche émouvante, pendant que les participants marchent vers leurs lieux de rassemblement, agit comme un stimulant et un conditionneur pour l'activité à suivre.

## EXERCICES DE RATTRAPAGE ET DANSE

Lorsqu'un ou plusieurs groupes de muscles sont affaiblis à la suite d'une mauvaise utilisation ou d'une maladie, il convient de les engager dans une gymnastique de renforcement appelée exercices de rattrapage. Bien que ceux-ci puissent fréquemment être distribués à des groupes, les groupes sont généralement petits. La nature de ces exercices et leur administration peuvent conduire rapidement à l'ennui. La musique douce peut être utilisée comme antidote à leur monotonie. Les exercices de correction de la déformation de la colonne vertébrale qui nécessitent de ramper et de se balancer librement sont bien adaptés à l'accompagnement musical, et les exercices sous forme de danse utilisés pour corriger ou maintenir une bonne posture sont sans aucun doute améliorés par une musique de fond.

Bien qu'ils ne soient pas couramment utilisés à cette fin, les danses de salon et les claquettes pourraient être utilisées avantageusement dans des groupes sélectionnés de patients pour améliorer les handicaps des chevilles, des genoux et des hanches. La danse moderne ou interprétative peut de la même manière être utilisée pour le renforcement et la coordination des membres supérieurs.

## TRAVAIL EN ATELIER

Dans les hôpitaux qui possèdent un atelier d'ergothérapie, la musique peut être utilisée pour accroître l'agrément de l'environnement et éventuellement pour augmenter la durée et l'efficacité des projets de travail.

La musique n'est pas recommandée comme fond de travail pour un travail qui requiert de la concentration mentale, même si elle est utilisée par un grand nombre d'étudiants qui croient qu'ils peuvent mieux faire leurs devoirs avec la radio allumée. Si la mélodie est trop intéressante ou trop populaire à ce moment-là, elle peut être distrayante, mais lorsque le travail est en grande partie physique, la musique douce s'est révélée être un adjuvant souhaitable. Gatewood [33] a étudié l'effet de la musique de fond sur les travailleurs d'une salle de dessin architectural et a découvert que même si une minorité trouvait cela distrayant, la plupart des travailleurs travaillaient mieux et plus rapidement. Ils préféraient la musique familière et trouvaient la musique instrumentale moins distrayante que les interprétations vocales.

Plus récemment, ce sujet a retenu l'attention de nombreux chercheurs qui ont montré sa valeur parmi les ouvriers d'usine et l'ont appelé « musique industrielle ». [34] Leurs découvertes et conclusions sont si étroitement liées à l'utilisation de la musique de fond que quelques extraits de la littérature croissante seront mentionnés.

Beckett [2] a analysé les rapports rédigés par les usines qui diffusent de la musique à leurs employés via des systèmes de sonorisation. Le moral s'est amélioré dans chaque usine où la musique durait au moins une heure par jour. Les deux tiers des usines qui diffusaient de la musique pendant au moins une heure par équipe ont déclaré une augmentation de leur production de cinq à dix pour cent. Une plus grande efficacité résulte de l'utilisation de la musique pour soulager l'ennui des opérations répétitives, pour réduire la tension nerveuse, pour distraire l'ouvrier et, en général, pour faire du magasin un lieu de travail plus attrayant. Selon lui, il est indéniable que la musique peut augmenter la production, mais il souligne que ce résultat dépendra de la manière dont le projet sera géré. Si l'acoustique ou la reproduction mécanique est mauvaise, la valeur de la musique peut être perdue. L'inconvénient le plus important à l'heure actuelle est la difficulté d'obtenir des enregistrements commerciaux appropriés. En raison du bruit dans une usine moyenne, le volume de la musique doit être légèrement supérieur à celui produit par les machines. Mais l'enregistrement moyen présente de telles fluctuations de volume que certaines parties seront noyées par le bourdonnement de l'œuvre et d'autres seront trop fortes. Idéalement, les enregistrements pour la musique industrielle ne devraient varier que légèrement en volume, de « plus ou moins deux décibels d'intensité sonore », et ceux-ci ne sont pas disponibles en grande variété à l'heure actuelle.

« Le type de musique joué est d'une importance primordiale, mais aucun type de musique ne peut être utilisé exclusivement sans devenir ennuyeux pour l'auditeur. Lorsque des boîtes de demande sont installées, ce sont souvent les jeunes et enthousiastes « fans de jive » qui les utilisent au maximum, tandis que les mélomanes les plus conservateurs s'assoient généralement et acceptent ce qui leur arrive. Parfois, cela a conduit à penser à tort que la plante entière désirait une musique plus rauque. Après avoir testé ce type de musique, certaines entreprises ont reçu des rapports défavorables sur leur production et ont perdu confiance dans la musique. Dans certains cas, la musique fut alors complètement abandonnée, après quoi il y eut un tel tollé de la part des travailleurs que le programme fut rétabli et le hot swing entièrement éliminé. Les deux extrêmes sont mauvais. Donner aux travailleurs ce qu'ils veulent est un problème plus difficile qu'il n'y paraît à première vue. Cela nécessite non pas un mais plusieurs questionnaires sur une période de temps pour suivre l'évolution des goûts.

« La musique doit être jouée au bon moment pour obtenir les meilleurs résultats. Les marches créent une atmosphère joyeuse et doivent être jouées au début comme à la fin des séances. Le meilleur moment de la journée pour les valses de Strauss est ce que l'on appelle les « périodes de fatigue ». Il y a quelque chose dans les trois-quarts qui est très rafraîchissant dans les moments de fatigue. En outre, la musique est gaie et légère et, selon les questionnaires remplis dans trois grandes usines, elle est en tête de toutes les autres formes d'attrait populaire.»

Dans l'atelier d'ergothérapie de l'hôpital, la musique peut provenir du système de sonorisation, d'un tourne-disque ou de la radio. Il semblerait que le plus approprié dans un hôpital moyen serait l'utilisation de la radio, que le thérapeute peut changer à des intervalles de quinze minutes ou plus pour tenter d'obtenir une musique sans intérêt à faible volume.

## NOTES DE BAS DE PAGE :

[III.] *L'utilisation de la musique industrielle ne doit pas être confondue avec les chansons de travail. Les chansons de travail sont celles chantées par des groupes effectuant un travail fastidieux ou intense pour les aider à maintenir un bon rythme et un bon esprit. Bücher (Bücher, K., Arbeit und Rhythmus , Leipzig, 1909) a analysé une longue liste de chants de travail et a conclu que : 1. Par le rythme, ils facilitent les dépenses d'énergie synchrones des individus engagés dans une tâche commune. 2. Ils stimulent le travailleur par la plaisanterie, l'injure ou la référence aux opinions des spectateurs. 3. Ils mentionnent le travail, ses progrès, ses plaisirs, ses contrariétés, ses difficultés et ses récompenses. 4. Ils informent chacun des souhaits et aspirations des travailleurs. Ces chants au rythme lent sont totalement inadaptés à l'ère de la machine où la machine impose un rythme inélastique au travailleur.*

# *CHAPITRE SIX*
# MUSIQUE À L'HEURE DES REPAS

Les patients alités, ou même à l'hôpital, trouvent les repas de plus en plus monotones, bien qu'on leur propose une plus grande variété que celle qu'ils avaient à la maison. Cette monotonie résulte en partie de la couleur et de la nature de l'environnement, du personnel, de l'ambiance générale de l'hôpital et du caractère contraignant du confinement institutionnel. Lorsque vous dînez à la maison, certains de ces facteurs sont inconsciemment dissipés par des conversations intimes triviales, des visages amicaux, une attention individuelle et la sécurité des choses que représente le « chez-soi ».

Il n'y a que peu de choses qui peuvent être faites pour rendre les repas à l'hôpital plus agréables, en dehors des fonctionnalités mieux gérées par le chef et le planificateur de menus ; mais il est possible d'augmenter le plaisir des repas grâce à la manipulation de certains facteurs environnementaux. L'une d'elles est l'utilisation de couleurs et *de décors* dans les réfectoires des hôpitaux pour simuler l'environnement de la maison. C'est dans les services que cela est le plus difficile, là où on ne peut pas faire grand-chose, sauf en introduisant de jolies tentures qui ressemblent moins à celles d'un hôpital ou en appliquant de la peinture de couleurs gaies. Cette dernière méthode est hygiénique et pratique.

Depuis l'Antiquité, la musique accompagne les repas. Les instruments utilisés par les anciens à cet effet étaient généralement ceux qui émettaient des sons doux. Voltaire disait que notre but en allant à l'opéra était de favoriser la digestion. Au cours du siècle précédent, la musique du dîner s'est stylisée et consistait en grande partie en pièces semi-classiques ou en valses jouées doucement et au rythme lent par des ensembles à cordes. Au cours des vingt-cinq dernières années, une forme de musique de dîner s'est développée qui non seulement s'écarte nettement de l'ancienne, mais qui est également devenue une source de danse entre et pendant les cours. La question de savoir si les effets physiologiques et psychologiques de la danse pendant un repas sont nocifs, bénéfiques ou insignifiants reste indécise. Certes, l'analyse de ses effets semble avoir suscité peu d'intérêt. À l'époque où la musique pour les dîners dansants n'était disponible que dans quelques endroits, le nombre de personnes susceptibles d'en être affectées était très faible. Mais, avec les installations plus récentes de « juke-box » et d'autres formes de musique reproduite mécaniquement dans toutes sortes de lieux de restauration, le problème mérite d'être étudié.

La plupart des gens tirent du plaisir de la consommation d'aliments appétissants. La plupart des gens tirent du plaisir de la musique jouée à leur goût. Bien que la logique de la pensée suivante soit sujette à critique, il semble raisonnable d'affirmer que deux expériences agréables vécues simultanément devraient totaliser un plus grand bonheur que celui procuré par l'une ou l'autre individuellement. Les aliments ont fait l'objet d'une étude approfondie en ce qui concerne la conservation, la préparation, le service et le moment de la journée où chaque élément est le plus satisfaisant. Certaines conclusions sont arbitraires, mais pour la plupart, les gens mangent des aliments qui leur conviennent physiologiquement et psychologiquement. Il n'y a aucune raison particulière pour laquelle les adultes devraient manger des céréales uniquement le matin. C'est devenu une question de coutume ou de publicité, et l'esprit des masses est conditionné à penser que les céréales sont particulièrement bonnes au petit-déjeuner. Il y a une génération, le menu du petit-déjeuner dans certaines maisons différait peu du menu du dîner d'aujourd'hui. Les habitudes alimentaires sont bien ancrées dans l'esprit de la plupart des gens et il n'y a pas grand-chose qui puisse être fait pour les changer rapidement. Les routines quotidiennes ont également donné naissance à certaines conventions musicales. Jusqu'à récemment, la musique au petit-déjeuner était rare. Bernard Shaw [65] a écrit : « La musique après le dîner est agréable : la musique avant le petit-déjeuner est si désagréable qu'elle n'est clairement pas naturelle. » Avec l'avènement de la radio, cela a changé, même si Shaw n'a pas changé. Les cantines, les salons de coiffure et autres lieux publics où les gens passent du temps de manière inactive sont équipés de mécanismes permettant de reproduire de la musique. La pratique consistant à lire ou même à étudier ses travaux scolaires à la maison avec la radio allumée est devenue de plus en plus répandue. Le rythme de la vie s'est accéléré à tel point que la plupart des gens, en particulier les plus jeunes, aiment faire deux choses à la fois, surtout si l'une d'entre elles est d'écouter de la musique.

L'effet de différents aliments sur la digestion et la santé est connu, et la plupart des personnes mangent avec une régularité liée à leurs capacités et à leurs besoins. Ils sont généralement en mesure de sélectionner les produits qu'ils désirent, l'heure à laquelle ils mangeront et la période de consommation.

L'attitude idéale en mangeant est celle de la sérénité mentale et du repos physique. Si certains critères sont respectés, la musique peut être relaxante. Les éléments qui augmentent la relaxation sont la mélodie, le rythme et la douceur. Si la musique qui accompagne les repas est soigneusement sélectionnée, elle peut rendre le repas plus agréable, ce qui est souhaitable pour les patients hospitalisés.

La musique à l'heure des repas doit être discrète. Il doit manquer de qualités stimulantes qui attirent l'attention. Si le convive peut rapidement nommer la sélection jouée cinq minutes plus tôt, cette pièce était trop impressionnante en termes de partition ou d'interprétation. La forme de musique de dîner la plus appropriée est peut-être celle jouée par un petit ensemble à cordes. Le piano et la harpe sont également très satisfaisants, seuls ou en combinaison avec l'ensemble. Lorsque le piano est joué dans le style legato hésitant d'Eddie Duchin, cela est particulièrement souhaitable. Les sons aigus de la flûte ou le son cuivré de la trompette doivent être omis. La musique doit être douce et lente. Évitez les voix et les instruments étranges.

Le volume de la musique doit être maintenu à un niveau aussi proche que celui de la source de la musique. Cela devrait commencer sans fanfare ni aucune tentative d'attirer l'attention. Le niveau d'intensité ne doit pas interférer avec la conversation, car si le volume de la musique exige un volume de voix accru pour poursuivre une conversation normale, cela va à l'encontre du but de la relaxation en évoquant une énergie accrue de la part de l'orateur. Lorsque cela est possible, la fin de la sélection doit disparaître. La sélection ne doit pas être abrupte et les séquences inhabituelles ou les nouveautés doivent être évitées. La musique doit être fluide et totalement sans intérêt. L'intervalle entre les morceaux doit être bref afin de maintenir la réception auditive à un niveau assez continu. Cinq à dix secondes entre les numéros sont recommandées, ce qui coïncide approximativement avec le temps nécessaire pour changer de disque sur un tourne-disque automatique ou à commande manuelle. Les sélections musicales doivent être jouées en groupe. Les groupes devraient durer au total environ quinze minutes avec des intervalles de repos d'environ trois minutes. Cela simule les exigences et la performance de l'ensemble live et fait désormais partie de la musique stylisée du dîner. La musique doit durer aussi longtemps que le repas.

Idéalement, la source de la musique ne devrait pas être évidente et, à cette fin, un haut-parleur dissimulé présente un avantage sur l'ensemble live, qui, par ses mouvements, l'apparence physique ou les manières de ses membres, peut distraire les convives. Il ne devrait y avoir aucune annonce vocale entre les sélections. Parfois, un auditeur voudra connaître le nom de la chanson jouée parce qu'elle est familière, évocatrice ou douce. Lorsque le budget le permet, les programmes imprimés ou polycopiés sont les bienvenus pour ceux qui suscitent l'intérêt.

La musique recommandée est la musique jouée par les ensembles de dîner depuis des années. Leurs répertoires comprennent généralement des valses de Strauss et de ses contemporains ; des sélections d'opérettes d'Herbert, Friml et Romberg, et les favoris populaires de la dernière décennie, comme des sélections des comédies musicales de Kern, Cole Porter et Gershwin, ou les chansons de Carmichael et Berlin.

On ne saurait trop insister sur le fait que la musique pendant les repas doit être physiologiquement non stimulante et que la musique bruyante doit être évitée. « Douglas Jerrold a déclaré qu'il détestait dîner au milieu des sons d'une fanfare militaire ; il a dit qu'il pouvait goûter le laiton dans sa soupe. (Hadden, J., « *Music as Medicine* », 1895, 9 : 369). Le contremaître d'un magasin où l'on jouait de la musique pendant les repas demandait que la musique rauque soit supprimée « pour donner un répit à la digestion » [2].

Certains chefs d'orchestre utilisent habituellement des arrangements qui se rapprochent des qualités souhaitables pour la musique des repas. Parmi ceux-ci figurent : Wayne King, Marek Weber, Andre Kostelanetz, David Rose, Frankie Carle, Carmen Cavallaro, Eddie Duchin, Guy Lombardo, et les orchestres suivants : Boston « Pops », New Mayfair, Percy Faith, Anton and Paramount, Victor Salon. , Victor Continental, Palmer House Ensemble, Selinsky String Ensemble. Tous ces éléments ont été enregistrés et un exemple de liste de leurs enregistrements suit comme le noyau d'une bibliothèque musicale pour les repas.

*Enregistrements Victor*

| | |
|---|---|
| Roses du Sud | 26322B |
| Valse chérie | 26322A |
| Yeux noirs | 20037B |
| Notre valse | 27853B |
| Vacances pour les cordes | 27853B |
| Frühlingstimmen | 4387A et B |
| Valse de rêve | V214 |
| Personne sauf le cœur solitaire | 4413B |
| Chanson des îles | 27224B |
| La Golondrina | 27451B |
| Amant, reviens vers moi | 27397A |
| Appel d'amour indien | 27397B |
| Le secret | 20416A |
| Pirouette | 20416B |

| | |
|---|---|
| Vin, femmes et chanson | 6647A |
| Le conte d'un berger | 9479A |
| Narcisse | 9479B |
| Revenez à Sorrente | 27917A |
| Gavotte de Mignon | 27917B |
| Zigeuner | 24609B |
| Contes d'Hoffman | 20011B |
| Badinage | 12591A |
| Air de Ballet | 12591B |
| Or et argent | 25199B |
| Danube bleu | 25199A |

*Enregistrements de Colombie*

| | |
|---|---|
| Commencer la béguine | 4265M |
| Défilé de Pâques | 4292 M |
| Avec une chanson dans mon coeur | 4292 M |
| Le contact de votre main | 4291 M |
| Quelqu'un m'aime | 4291 M |
| Tomber amoureux | 4266 M |
| Thé pour deux | 4266 M |
| Joséphine | 36692 |
| Louise | 36692 |
| Estrellita | 4236M |

| | |
|---|---|
| Londres encore | 69264D |
| Par le Tamaris | 69264D |
| Le lac des cygnes | 69357D |
| Rosalie | 36543 |
| Parle-moi d'amour | 35551 |
| Pavanne | 7361 M |
| Clair De Lune | 7361 M |

*Enregistrements Decca*

| | |
|---|---|
| La pensée même de toi | 3110B |
| Cocktails pour deux | 3110A |
| Chaque petit mouvement | 18300B |
| Valse des minutes | 18466A |
| Septembre bleu | 15050 UN |
| Valse Bleute | 15049B |
| Lagon endormi | 18286A |

# *CHAPITRE SEPT*
# MUSIQUE AU LIT

Les hôpitaux modernes sont si différents, par leur organisation et leur équipement, de ce qu'ils étaient il y a un siècle, qu'on peut dire que l'hôpital est une phase récemment acquise de la vie communautaire. A l'origine, les malades étaient soignés à leur domicile. Les inconvénients et les insuffisances de la prise en charge à domicile des malades graves, et surtout contagieux, ont conduit au développement des hôpitaux. La vocation première de l'hôpital n'a pas changé et l'aide-musical ne doit jamais oublier que les soins médicaux et le repos passent avant tout.

Certains patients alités sont trop malades pour écouter de la musique. Il est possible qu'une musique judicieusement proposée soit utile à tous les patients, mais il est plus sûr d'en refuser quelques-uns en l'absence de conseils médicaux spécialisés plutôt que de déranger les malades. L'aide musicale ne peut pas remettre en question la sagesse du médecin en interdisant l'usage de la musique dans certains services ou pour certains patients. Le médecin sait beaucoup de choses sur le patient qui sont inconnues du musicien et il n'a pas suffisamment de temps pour les expliquer au musicien. Dans les établissements où le système de sonorisation diffuse la musique via des écouteurs plutôt que via des haut-parleurs, l'écoute ne pose aucun problème et les écouteurs ne sont pas fournis aux patients jusqu'à ce que le médecin le permette. Lorsque seuls des haut-parleurs sont disponibles et que la salle accueille un mélange de patients gravement malades et de convalescents (comme c'est assez courant dans les grands hôpitaux publics), il peut être nécessaire de priver la salle de musique pour le bien de quelques-uns qui ne devraient pas en avoir. .

Le nombre des possibilités qui peuvent être trouvées dans un même service est si grand que nous n'en mentionnerons que les types d'utilisation les plus généraux. Les services pédiatriques sont fréquemment aménagés de manière à ce que les personnes gravement malades soient séparées, ce qui permet la plupart du temps la musique dans les services. En cas de mélange de patients, c'est le médecin traitant qui prendra la décision. L'importance de la programmation pour les enfants est renforcée par le fait que la plupart des enfants préfèrent leur musique forte, ce qui peut être particulièrement ennuyeux pour les enfants les plus malades. En règle générale, on pourrait affirmer qu'à mesure que l'on progresse depuis l'enfance jusqu'à la vieillesse, la préférence se déplace d'une musique rapide, forte et aiguë vers une musique plus douce et plus lente. Le volume du haut-parleur du service de pédiatrie peut être augmenté pour attirer l'attention de certains enfants et étouffer les pleurs des autres. Les enfants peuvent écouter le même ensemble de disques presque à l'infini. Ils préfèrent entendre de la musique qu'ils connaissent. Ils aiment les chansons avec des paroles.

L'une des raisons d'hospitalisation est d'éloigner le patient des désagréments et des bruits de la maison. L'un des bruits modernes est la radio. La plupart des patients dorment et ont besoin de plus de sommeil que les personnes en bonne santé. Dans la plupart des hôpitaux, certaines heures de la journée sont choisies pour le repos dans l'espoir que les patients s'endorment. La période habituelle de sommeil diurne se situe juste après le déjeuner. Le remplissage de l'estomac est en soi un somnifère. La chaleur, l'obscurité et la relaxation physique augmentent la tendance au sommeil. Puisqu'il n'existe pas de musique universellement somnifère, la musique doit être évitée à ce moment-là. Cela peut en tenir certains éveillés. Si le patient se trouve dans une chambre privée et est prêt à se laisser endormir, cela doit être tenté. Il ne faut pas oublier que si la musique est suffisamment intéressante ou si la reproduction est mauvaise ou irritante, elle peut prolonger l'éveil, voire empêcher le sommeil.

Dans les moments où la musique endormie est demandée par le médecin ou le patient, quelques règles de bon sens doivent être suivies. Pour les enfants, il faut essayer des berceuses vocales. La musique endormie ne doit pas être jouée pendant plus de quinze minutes. S'il n'a pas été efficace dans ce délai, le silence est indiqué.

L'admission à l'hôpital signifie généralement de nouvelles habitudes alimentaires et de sommeil pour le patient. Les heures pour chacun sont souvent plus tôt qu'auparavant. Les siestes pendant la journée et les « extinctions matinales » font qu'il est difficile pour certains de s'endormir rapidement pendant les premières nuits. La musique endormie doit prendre la forme d'une musique reposante. Les quinze dernières minutes de la journée doivent être consacrées à de douces mélodies d'antan qui peuvent rappeler d'anciens souvenirs agréables et éventuellement placer le patient dans une ambiance « rêveuse » de relaxation, loin du présent spécieux et de ses soucis. L'opérateur du contrôle sonore doit réduire progressivement et imperceptiblement le volume afin que les derniers instants soient à peine audibles.

Dans les hôpitaux équipés de « radio-oreillers » dans lesquels les téléphones sont dissimulés dans les oreillers, la musique peut rester continue jusqu'à ce que le patient s'endorme. De nombreuses personnes ont pris l'habitude de s'endormir au son de la musique de la radio ou de l'éteindre lorsqu'elles ont sommeil. Les programmes de radio ne sont pas recommandés comme musique de sommeil. Le programme musical doit utiliser les anciens favoris ou les sélections musicales des repas (voir chapitre VI ) à un volume très faible. On sait que la musique forte et émouvante avant l'heure du coucher entraîne des rêves auditifs vifs et doit être évitée. [24]

## LA RADIO DE CHEVET

Plus que tout autre facteur, la radio a accru les connaissances et l'appréciation de la musique dans ce pays. Les programmes de Bing Crosby et d'Alec Templeton jouissent d'un grand attrait populaire en raison de la préparation approfondie, de l'humour et de la mise en scène qu'ils contiennent. Pourtant, ces programmes ne manquent jamais d'inclure de la musique classique et de présenter la musique sérieuse à ceux qui ne choisiraient pas librement de l'écouter. Mais plus que tout autre facteur, une mauvaise utilisation de la radio de chevet peut inciter les patients à détester la musique. Les mélomanes les plus passionnés admettront qu'il est possible d'avoir trop de musique du même genre pour une consommation paisible. Dans les hôpitaux dotés de grandes salles, on peut trouver deux ou plusieurs radios branchées sur des programmes différents, et le désir de partager le programme avec d'autres entraîne un volume excessif. Dans les établissements qui ne disposent pas d'un système de sonorisation, les radios devraient être autorisées dans les services, mais certaines règles doivent être respectées. Le volume doit être contrôlé afin que les patients non intéressés n'aient pas à souffrir. Le volume doit être tel qu'il rende le signal à peine audible pour le propriétaire et pour ceux de ses voisins qui souhaitent l'écouter. Pendant plusieurs heures de la journée, des intervalles de silence doivent être observés par tous les propriétaires de radios. Dans les hôpitaux dotés d'un système de haut-parleurs, toutes les radios doivent être éteintes pendant les heures de fonctionnement.

Dans les hôpitaux pour malades chroniques, comme les sanatoriums pour tuberculeux, où les goûts musicaux du service peuvent être très variés, un horaire devrait être établi pour ceux qui possèdent des radios, attribuant certaines périodes de la journée à chaque propriétaire et organisant la distribution du son de manière à ce que que deux ou plusieurs radios peuvent être allumées simultanément mais espacées de manière à ce que le son qui en résulte n'entraîne pas une forme de punition pour ceux qui sont pris entre les deux ou qui n'ont pas la chance de posséder leur propre radio.

Après l'extinction des feux, les radios restent souvent allumées, à moins que la surveillance ne soit stricte. Il est vrai que bon nombre des meilleurs programmes sont diffusés après neuf heures. Puisque certains programmes tardifs font partie de la vie américaine, il est injuste envers les malades chroniques de les priver de ce divertissement bien planifié. Pourtant, il y en aura dans le service qui voudront dormir, et ils devraient recevoir la plus grande attention. D'autres devraient être autorisés à garder leur radio allumée au volume le plus bas possible, et la possibilité d'installer des écouteurs devrait être examinée. La solution à ce problème est possible mais coûteuse. Si un appareil de découpe de disques est disponible, le programme peut être enregistré la nuit et rediffusé le lendemain.

### SYSTÈME DE SONORISATION

De nombreux hôpitaux sont déjà équipés d'installations de haut-parleurs ou de casques. Pour les hôpitaux qui en sont encore à la phase décisive, certains des avantages de chacun seront brièvement examinés.

Idéalement, des haut-parleurs et des écouteurs devraient être disponibles. Il s'agit d'un luxe auquel peu de gens voudront ou pourront s'offrir. Lorsque des écouteurs sont utilisés, ils ont tendance à être égarés, cassés ou en panne. Des écouteurs ou des appareils d'écoute sont généralement distribués aux patients médicalement éligibles. Souvent, les préposés sont occupés et oublient de les approvisionner, au grand dam du patient. Lorsqu'il n'y en a pas assez pour tout le monde, une autre source d'insatisfaction surgit. Les écouteurs doivent être réglés pour une réception et un confort adéquats, ce qui peut devenir une source de désagréments pour les patients ou le personnel. Parmi les avantages des téléphones figurent le silence des chambres à tout moment pour ceux qui désirent se reposer. Leur utilisation permet une concentration maximale de l'attention sur la musique en raison de l'exclusion de la plupart des autres sons. Ils deviennent un mécanisme pour échapper aux conversations indésirables de voisins bruyants. Lorsque des prises doubles ou un câblage à deux canaux sont utilisés, le patient a un certain choix dans la sélection musicale. L'utilisation de téléphones limite cependant les déplacements physiques du patient ambulatoire.

L'utilisation d'un système de haut-parleurs permet aux patients qui ne sont pas strictement confinés dans leur lit de visiter d'autres parties du service sans interruption de leur écoute. Certains patients apprécient la musique comme fond de conversation ou pour les activités du service. Le même standard peut être utilisé pour les programmes musicaux et les annonces hospitalières, ce qui peut être économiquement souhaitable dans certains établissements. Les haut-parleurs stratégiquement placés peuvent être canalisés exclusivement comme système d'appel.

Le rire est une réaction communautaire. Nous réagissons rarement complètement à une blague radiophonique si nous l'écoutons seul, mais si plusieurs personnes écoutent simultanément, le rire devient plus prononcé et prolongé. Les systèmes de haut-parleurs permettent aux patients du service d'écouter de la musique en groupe. Ils permettent également une plus grande utilisation de la musique de fond. Manger avec des écouteurs encombrés n'est pas souhaitable.

Chaque hôpital devra peser ces arguments et d'autres du dilemme du haut-parleur et choisir en fonction de ses besoins individuels.

Le nombre de canaux le plus approprié pour un petit hôpital est de deux. Un opérateur peut facilement gérer deux canaux. Lorsque le nombre de chaînes dépasse ce chiffre, les dépenses d'installation et d'exploitation augmentent, surtout si les enregistrements ou les transcriptions doivent être utilisés en plus des programmes extérieurs.

L'opérateur du système de sonorisation doit connaître les classements Hooper ou Crossley des programmes les plus importants et être certain d'inclure les plus populaires à une heure donnée lors de la rediffusion.

### MUSIQUE PERSONNALISÉE

Le patient le plus enclin à la musique ou le plus susceptible peut ne pas être satisfait du programme musical de routine fourni par le système de sonorisation ou même par sa radio. Dans les hôpitaux où la majorité des goûts vont à la musique populaire moderne, il y en aura quelques-uns qui auront faim de musique classique. Si une aide musicale est disponible, cela peut être réalisé en utilisant un chariot musical. Un dispositif en forme de boîte sur roues, tel que celui utilisé à de nombreuses fins dans les services hospitaliers, peut être équipé d'un tourne-disque et d'un support pour disques et albums de disques. Le chariot musical peut transporter quelques petits instruments et autres matériaux destinés au chevet du patient. La musique peut être amenée au chevet du patient à des fins d'instruction, d'appréciation, de diversion ou de divertissement.

*Instruction.* L'enseignement au chevet peut être utilisé à des fins d'ergothérapie ou à des fins purement éducatives. De petits instruments tels que le ukulélé, la mandoline ou même la guitare peuvent être enseignés au patient alité comme exercice des membres supérieurs. L'enseignement instrumental devra généralement être limité aux patients dans des chambres individuelles. Parfois, les salles seront aménagées de manière à ce qu'une salle de séjour ou une véranda soit disponible pour les patients en fauteuil roulant ou partiellement restreints, et il y aura des moments où le patient pourra y recevoir des instructions. Certains instruments peuvent être joués avec un minimum d'instruction. Malheureusement, la plupart d'entre eux émettent des sons assez ennuyeux pour tous, sauf pour l'interprète. L'ocarina et l'harmonica peuvent rencontrer une certaine acceptation chez les jeunes patients, mais lorsque des patients plus âgés partagent la salle ou la chambre adjacente, leurs sentiments doivent passer en premier. Certains jeunes patients apprécieront l'utilisation de baguettes de tambour sur les blocs d'entraînement, surtout s'ils peuvent les utiliser lors de la reproduction de musique sur le système de sonorisation ou à la radio. Si le bloc est en caoutchouc ou en un autre matériau silencieux, il ne gênera pas trop les patients voisins.

Les instruments « sans tonalité » ou « d'entraînement » spécialement construits, tels que le violon sans résonateur, sont d'une réelle valeur pour diminuer la gêne du voisin. Ceux-ci peuvent être construits dans l'atelier d'ergothérapie à partir d'instruments mis au rebut.

*Dérivation.* Pour ceux qui souhaitent se divertir et apprécier la musique, l'aide musical peut amener le chariot musical au chevet. En vérifiant l'appétit musical des patients la veille, l'aide peut remplir le chariot avec le type d'enregistrements souhaité et les diffuser au patient intéressé et à tout patient voisin dont elle peut stimuler l'intérêt. En faisant quelques remarques bien choisies avant la lecture de chaque disque, on peut développer un grand intérêt et le patient attendra avec impatience ses prochaines visites. Si les patients n'expriment aucun intérêt particulier pour la musique, des albums peuvent être distribués et joués sans continuité prédéterminée. Si l'intérêt est grandement éveillé, l'assistant musical peut suggérer des lectures supplémentaires et demander au bibliothécaire de rendre visite au patient ou de lui fournir des lectures provenant de la collection du département de musique. Les notes de programmes disponibles dans le commerce pour les programmes de radio sponsorisés doivent également être distribuées.

*Divertissement.* L'animation musicale dans le service peut prendre la forme d'une participation des patients ou de musique « live ». Pour la participation des patients, rien n'égale les chants de paroisse. L'aide musical peut utiliser soit le tourne-disque dans le chariot musical, soit, de préférence, un instrument portable tel qu'un petit orgue de piano ou un accordéon. Les paroles des chansons peuvent être polycopiées ou projetées sur un écran, un mur ou un plafond à l'aide d'un petit projecteur. Des recueils de cantiques ou d'autres recueils de chants peuvent également être utilisés à profit. Les chansons doivent être choisies pour leur popularité et leur familiarité. Des chansons telles que « Let Me Call You Sweetheart » et d'autres vieux favoris sont « infaillibles ». Les meilleures chansons du « Hit Parade » sont toujours appréciées. L'aide musicale doit circuler si de la musique enregistrée est utilisée pour inciter des non-participants à chanter. La séance devrait durer de vingt à trente minutes. Il est souhaitable d'en avoir deux par salle chaque semaine. La durée et la fréquence peuvent varier en fonction de la réponse du patient.

De toutes les formes de musique de paroisse, la bonne musique « live » est peut-être la plus divertissante. Les ensembles peuvent être d'assez bonne qualité mais les solistes ne doivent pas être médiocres sinon la présentation en souffrira. Les artistes les plus populaires sont les chanteurs qui peuvent s'accompagner sur le piano portable ou sur d'autres instruments. Ils devraient maintenir le programme au niveau de l'attrait populaire. Ils ne devraient pas demander de demandes à moins que leur répertoire ne soit adéquat, car l'incapacité de les accorder est à la fois décevante et embarrassante tant pour l'artiste que pour les patients.

*Bénévoles.* Il sera difficile pour un assistant musical de réaliser seul un programme musical dans un hôpital de plus de 500 lits. Si le budget ne le permet pas, des bénévoles de la communauté doivent être recrutés pour apporter leur aide. Ce sujet sera abordé plus en détail dans le prochain chapitre.

# CHAPITRE HUIT
## DIVERSION ET DIVERTISSEMENT

Un programme de divertissement musical n'est pas nécessaire dans tous les hôpitaux, ni pour tous les patients. Le divertissement est relativement nouveau dans les hôpitaux. Ce besoin s'est fait sentir lorsque les hôpitaux pour malades chroniques sont devenus plus nombreux et plus grands. La personne moyenne s'ennuie vite lorsqu'elle est confinée au lit ou même aux murs confinés d'une institution. La lecture devient fastidieuse pour la plupart en raison de la position, de la fatigue oculaire ou de la satiété. Des limitations similaires existent, dans une moindre mesure, pour l'artisanat. Il y a une diminution des contacts avec le monde extérieur, hormis les visites trop rares et trop courtes d'amis ou de parents. Dans les hôpitaux pour adultes tuberculeux ou pour enfants infirmes, la durée moyenne d'hospitalisation peut être d'un an. Rares sont ceux qui partent avant une période de trois mois et certains restent pendant des années. La vie du patient chroniquement hospitalisé peut devenir plus monotone qu'il ne serait sage. La monotonie conduit au mécontentement, à l'irritabilité, à l'apathie et éventuellement à des problèmes de discipline. La monotonie peut rendre les repas encore moins attrayants qu'ils ne le sont dans certains hôpitaux. Le manque d'occupation mentale peut conduire à une perte du désir de guérison ou donner au patient trop de temps pour penser à lui-même, à son impuissance et à son désespoir. La plupart des patients arrivent au point où ils ont envie de s'amuser, et la plupart d'entre eux préfèrent s'amuser plutôt que de travailler pour leur propre divertissement.

Dans le domaine du divertissement, la musique est indispensable. Dans les hôpitaux, la musique constitue souvent la seule forme de divertissement. La musique peut être utilisée au chevet du lit, dans la salle, dans la salle de réunion ou, lorsque le temps le permet, à l'extérieur. Dans les hôpitaux équipés de systèmes de sonorisation, le problème est atténué par la diffusion simultanée de musique reproduite mécaniquement dans les services et les chambres de l'hôpital. Là où des systèmes de sonorisation n'ont pas été installés, le divertissement dépendra en grande partie des radios, des reproducteurs de disques et des apparitions personnelles des musiciens.

Les musiciens « live » sont la source de divertissement la plus appréciée. Si l'hôpital dispose d'un assistant musical, cet objectif est partiellement rempli par ses activités. S'il n'y a pas de musicien à temps plein, les hôpitaux peuvent être en mesure d'obtenir les services à temps partiel d'un musicien ou d'un assistant récréatif. Une seule personne devrait avoir le contrôle de l'organisation des programmes, et une personne intéressée se trouvera généralement parmi le personnel de l'hôpital. Il peut s'agir d'un ergothérapeute, d'une infirmière ou même de l'un des médecins. La personne choisie pour diriger la musique n'aura aucune difficulté à trouver dans la communauté des musiciens ou des groupes d'artistes amateurs disposés à l'aider dans ce travail. Les groupes d'écoles de musique, de lycées, d'organisations fraternelles ou caritatives, de clubs de femmes, de clubs de musique et de sociétés d'anciens combattants constituent une liste incomplète de sources. La plupart des communautés ont des solistes ou des petits groupes disposés à se produire. La sollicitation directe par le directeur de l'hôpital, les dames auxiliaires ou les membres du personnel doit être faite personnellement ou par voie de presse.

Un calendrier des représentations organisé au moins un mois à l'avance est très important. Les représentations doivent être régulières même si elles n'ont lieu qu'une fois par mois. Cela donnera aux patients quelque chose qu'ils pourront espérer avec le plaisir d'anticiper. Dans la mesure du possible, les programmes musicaux doivent être préparés pour le même jour de semaine ou la même nuit. Ces apparitions devraient être annoncées ou affichées pour accroître l'intérêt.

Dans les hôpitaux pour malades chroniques, il y a généralement une salle de réunion ou un bâtiment de loisirs, où des divertissements peuvent être organisés pour les patients ambulatoires. L'apparition de musiciens célèbres sur sa scène sera rare, voire impossible, notamment dans les hôpitaux non situés à proximité des grandes villes. Ce n'est pas aussi regrettable qu'on pourrait le croire, car même si certains patients sont impressionnés par des noms de renommée nationale, la majorité d'entre eux tireront un maximum de plaisir de l'écoute des performances de leurs camarades. La participation des patients est toujours plus souhaitable pour les personnes ambulatoires que le divertissement passif. La musique patiente peut prendre l'une des trois formes suivantes : formelle, amateur ou spontanée.

Les présentations formelles nécessitent beaucoup de travail de la part de l'assistant musical et des patients. Des orchestres de taille variable peuvent être formés, en fonction du nombre et de la variété des patients talentueux. Dans la mesure où la qualité de l'interprétation est la considération primordiale, le répertoire de ces groupes ne sera pas formidable. Au début, il faudra près d'un mois pour développer un programme de variétés d'une heure. Avec le progrès du temps et l'augmentation du travail et de la coopération, il devrait être possible de répéter chaque semaine suffisamment de nouveaux numéros pour produire un programme hebdomadaire avec trop peu de répétitions pour susciter des plaintes de la part des patients. Le programme doit contenir tous les types de musique afin qu'au cours d'une représentation, presque tous les spectateurs aient entendu quelque chose à leur goût. Les numéros vocaux sont les bienvenus et la participation du public sur un ou deux points maintiendra l'intérêt. Il est conseillé que quelqu'un agisse en tant que maître de cérémonie pour annoncer les sélections et susciter une réponse maximale de la part des patients non participants. Il y a généralement un patient qui souhaite devenir maître de cérémonie et, s'il exécute bien son travail, cela constituera un atout précieux pour le projet. Un maître de cérémonie est important et si nécessaire, un étranger doit être recruté à cet effet.

Les programmes amateurs sont présents sur la scène américaine depuis longtemps mais les efforts du major Bowes en ont fait une institution américaine. Des gens de presque tous âges y assisteront avec joie, mais les artistes se situeront généralement dans les deuxième et troisième quarts de leur vie. Il fut un temps où les performances amateurs n'étaient pas répétées ou semblaient l'être. Le major Bowes a également changé cela. Le spectacle amateur exigera désormais des répétitions, un accompagnement expert et une certaine représentation théâtrale. Ces facteurs doivent être encouragés et l'aide-musical fera bien de faire plaisir aux patients, car le succès dépend du sérieux, de l'énergie et des efforts de l'interprète. Des précautions doivent être prises dans une programmation minutieuse. Les meilleurs interprètes doivent être bien espacés et apparaître dans la seconde moitié du programme. Les instrumentistes doivent être séparés par les chanteurs. La procédure devrait suivre le modèle établi des expositions amateurs régulières, y compris l'attribution de prix au gagnant et au deuxième meilleur. Lorsque le roulement des patients est lent, il est probable que le même intervenant soit le premier trop souvent. Une certaine limite devrait être fixée quant à la fréquence ou au nombre total de fois où le même patient peut recevoir une récompense afin d'éviter une diminution de la participation.

Les spectacles spontanés dans la salle de récréation consisteront en des chants communautaires, des bourdonnements, des sifflements et, occasionnellement, des applaudissements rythmés. Il n'est pas difficile de faire chanter un groupe, mais une réponse maximale nécessitera de l'ingéniosité de la part du leader. La série de courts métrages cinématographiques intitulée « The Bouncing Ball », « Community Sing » et d'autres de même nature sont excellentes car elles constituent un ensemble complet de musique, de paroles, de mise en scène, d'humour et d'astuces. Le leader de la chanson devrait adopter autant de nouveautés incluses dans ces films que les installations le permettent. Après le cinéma, la diapositive lanterne est la meilleure solution. Il en existe quelques-uns avec des illustrations humoristiques, mais ils peuvent être difficiles à obtenir. Les diapositives de lanterne peuvent être réalisées rapidement et à moindre coût par l'aide musicale. Les créations de diapositives simples peuvent être obtenues dans n'importe quel grand magasin de fournitures de photographie commerciale. Les « Radio Mats » sont des morceaux de cellophane transparent de la taille d'une diapositive enfermés dans un morceau de papier carbone plié et entourés d'un masque noir. Le « Mat » est placé dans une machine à écrire et les paroles de la chanson sont tapées dessus. Le papier carbonisé est jeté, tout comme le dos du masque, et la cellophane avec les mots imprimés est facilement montée entre les deux lamelles de verre reliées par du « Scotch Tape ». Par cette méthode, une diapositive permanente peut être produite pour environ huit cents. Si un projecteur n'est pas disponible, les mots peuvent être polycopiés, imprimés dans l'atelier d'ergothérapie ou obtenus dans le commerce sous forme de brochure. Le besoin essentiel est que chacun puisse être autorisé à lire les mots.

Les chants communautaires ne devraient pas durer trop longtemps. L'assistant musical apprendra bientôt à ressentir la capacité du public. Pour prolonger la période, la participation du patient peut être interrompue par de la musique instrumentale ou une autre forme d'intermède.

## CHORALE

Écouter une combinaison de voix entraînées est agréable pour la plupart des gens. Là où la population de patients est relativement stable, l'aide musicale sera bien récompensée par le temps consacré à la formation de quatuors ou de grands groupes de chanteurs. De tels groupes peuvent être utiles non seulement dans n'importe quel programme musical de la salle de réunion, mais peuvent également être utilisés dans les paroisses, pour les services religieux et lors des fêtes. Si, comme c'est l'habitude, les deux sexes sont représentés parmi les patients, l'éventail des sélections ne sera limité que par la musicalité de l'animateur et des participants. L'éventail du répertoire doit être adapté à toutes les occasions et à tous les goûts, depuis les quatuors « barbershop » jusqu'à la musique sérieuse.

Toutes les dispositions possibles des voix doivent être exploitées en vue d'une compétition de chant entre les sexes et entre les paroisses. L'étendue de l'utilité de cette activité dépendra bien entendu dans une large mesure de la taille de l'hôpital et du groupe d'âge prédominant.

## DÉRIVATION

La musique peut également être utilisée pour aider le temps à passer de manière moins perceptible. L'écoute est agréable mais ne concentre ni ne maintient l'attention d'une manière comparable au jeu. Il y aura toujours des patients intéressés à apprendre à jouer de la musique. L'instrument choisi dépendra des goûts individuels, qui sont bien entendu conditionnés par l'origine, l'éducation, la nationalité, l'âge et bien d'autres facteurs. Les instruments qui seront les plus acceptables sont ceux qui ne sont pas trop difficiles à jouer et qui émettent facilement un son agréable pendant une longue période.

Le piano est l'instrument qui répond le mieux aux qualifications de l'instrument idéal pour un usage hospitalier. Réduit à la physique pure, le son produit en frappant une seule note sur le même clavier sera à peu près de la même qualité, qu'il soit émis par un enfant ou par un virtuose. Cela n'est vrai pour aucun autre instrument, sauf dans une certaine mesure pour certains autres instruments à percussion, qui produisent des sons moins agréables ou moins intéressants. Le doigté du piano est plus facile à maîtriser que celui des instruments à cordes et offre une plus grande latitude dans le placement précis. Le piano peut être joué en position assise reposante et nécessite peu d'effort pour jouer. Plus de gens savent jouer du piano que de tout autre instrument. Les patients peuvent être intéressés par n'importe quel autre instrument, mais à l'exception du type plectre, ils peuvent être trop facilement découragés par la quantité de pratique requise pour obtenir des tonalités agréables. Si un patient souhaite apprendre un instrument de diversion, le piano devrait être le premier proposé. Si le problème du remplacement des musiciens ou de la complétion d'un orchestre patient se pose, l'instrument manquant doit être offert. Mais pour obtenir le maximum de coopération et d'application, il faut faire sentir au patient que le choix lui appartient. Le libre choix pourrait être l'enseignement vocal. Cela peut même être une déception pour le musicien lorsqu'il s'agit d'instruments dits comme l'ocarina, mais si l'objectif est le divertissement, le maximum sera atteint plus tôt par la gratification initiale. Peut-être qu'à une date ultérieure, l'aide-musical sera en mesure d'inculquer suffisamment de sophistication pour conduire au choix d'un instrument plus musical.

La portée de la musique en tant que divertissement éducatif s'élargira proportionnellement à la formation, à la patience et à l'énergie de l'aide-musical. Elle sera limitée par le nombre de patients démontrant un intérêt mais aussi par leur intelligence et leur persévérance. Pour les principaux instruments, l'enseignement est généralement individuel et beaucoup de temps est consacré à la diversion d'un seul patient. Dans un grand hôpital, cela ne sera pas très pratique à moins d'avoir un personnel important et de nombreuses activités proposées aux patients. La diversion de groupe peut être heureusement obtenue par une certaine forme d'enseignement de l'appréciation de la musique. La nature de cet enseignement doit être adaptée à l'intelligence et aux goûts de la majorité et le aide-musical doit faire preuve de bon sens et s'affranchir de tout préjugé. Si les patients sont jeunes et ne s'intéressent pas aux classiques, il doit concevoir un programme autour de la musique populaire et discuter des personnalités et des formes populaires actuelles. Un approfondissement des classiques peut être construit sur les thèmes classiques de Tchaïkowsky, Chopin et d'autres qui sont actuellement populaires. Si le groupe est très jeune, des démonstrations d'appréciation musicale telles que celles dirigées par Walter Damrosch devraient être suivies. Dans la mesure du possible, le musicien doit illustrer avec de la musique « live », mais les enregistrements seront bien reçus. Comme pour toutes les autres caractéristiques d'un programme musical à l'hôpital, les séances doivent être régulières et régies dans une certaine mesure par la volonté de la majorité.

# *CHAPITRE NEUF*
# SYSTÈME DE PUBLICATION

De nombreux hôpitaux disposent désormais de systèmes de sonorisation. D'ici peu, la plupart des hôpitaux d'une centaine de lits ou plus seront dotés de systèmes de sonorisation, ne serait-ce que pour les appels d'urgence et pour alléger la charge du réseau téléphonique intra-muros.

Le système de sonorisation installé à l'origine comme dispositif d'appel d'urgence peut être utilisé pour la reproduction musicale à un coût relativement peu élevé. Le même opérateur peut être utilisé pour les deux formes de transmission. Idéalement, le système devrait inclure un haut-parleur dans chaque service et une « prise téléphonique » à chaque chevet. Le standard central doit être équipé d'une bonne radio et d'un tourne-disque automatique qui puisse transmettre de la musique aux patients au moyen des systèmes de sonorisation. L'ajout d'un ensemble d'interrupteurs qui peuvent ouvrir ou fermer des protections à volonté peut s'avérer très utile. S'il existe des salles ou des bâtiments d'où émanent fréquemment des programmes d'intérêt général, ils devraient être équipés de microphones reliés au standard central afin que les programmes musicaux de la salle de réunion ou les services religieux de la chapelle puissent être diffusés aux non-voyants. patients ambulatoires.

Le tableau central doit être installé dans une pièce ou une cabine relativement insonorisée. L'équipement supplémentaire devrait comprendre des étagères pour les enregistrements et un téléphone pour lequel le signal de cloche habituel est remplacé par un signal lumineux. Un enregistreur instantané permettant à l'opérateur d'enregistrer des programmes à partir de la radio ou du microphone s'avérera très utile, mais les dépenses impliquées risquent d'être trop élevées pour la plupart des hôpitaux de moins de 500 lits.

Il est préférable d'employer un opérateur à temps plein pour le système. L'opérateur doit avoir une voix agréable, mais surtout très intelligible. Il lui faudra une formation de base sur le fonctionnement du tableau et de ses accessoires et cela devrait être l'obligation de l'organisme qui installe l'équipement. L'opérateur devrait être tenu de conserver une trace écrite de tout ce qui émane du studio. Il doit être responsable de l'entretien courant de l'appareil et en savoir suffisamment sur ses pièces pour reconnaître rapidement les défauts et corriger certains des plus simples. Il doit être prêt à vivre une vie solitaire. Il existe toujours une tentation d'inviter ou d'autoriser des invités à entrer dans le studio, et la diversion ou la conversation qui en résulte pourrait nuire à la diffusion.

Si un coupe-disque instantané est disponible, il devrait lire « *How to Make Good Recordings* » (Audak Co. de New York), qui est non seulement utile pour l'enregistrement de la musique, mais donne également d'excellents conseils concernant l'utilisation de l'aiguille appropriée pour la reproduction musicale. et l'utilisation du microphone.

## PROGRAMME

*Musique.* Le système de sonorisation devrait être exploité selon un horaire rigide, à l'imitation d'un studio de radio commerciale. Cela est nécessaire car les patients s'attendront à certaines caractéristiques à des moments précis de la journée et les fluctuations peuvent entraîner une déception et une baisse de moral. La politique du programme devrait être la préoccupation directe du directeur de l'hôpital et de tout chef de service intéressé. Les heures d'utilisation varient considérablement selon les hôpitaux, de quelques heures à un programme très complet. En raison du grand nombre de variantes possibles, quelques applications générales seront d'abord considérées, puis un programme modèle sera suggéré.

L'heure de réveil des patients peut varier d'environ six à sept heures. À un moment donné pendant cette heure, un programme de musique enivrante est indiqué pour bien commencer la journée et peut-être obtenir une meilleure coopération entre les patients et le personnel infirmier lors des soins du matin. À cette fin, des marches militaires ou autres sont suggérées ainsi que des mélodies gaies, car comme l'a montré Seashore [73], « le rythme prononcé provoque un sentiment d'exaltation », et la musique martiale est traditionnellement émouvante. Ce programme doit durer de quinze à trente minutes et doit être suivi d'un silence d'au moins quinze minutes avant le service du petit-déjeuner. Il n'est pas judicieux de commencer à manger alors que vous êtes trop stimulé.

Durant les périodes du petit-déjeuner, du déjeuner et du souper, la musique des repas devrait être diffusée pendant toute la durée de la période du repas. La nature de la musique à l'heure des repas peut être la même pour tous les repas. Ceci est discuté au chapitre VII.

La période entre huit et dix heures du matin est fréquemment réservée aux pansements de routine ou aux visites médicales et une période de silence doit être observée dans les services pendant les heures de service professionnel maximum. Évidemment, la musique ne doit être diffusée à aucun moment de la journée lors des épreuves. L'opérateur devra recevoir un planning des tournées des services et découper les services concernés.

La durée des rondes variera de périodes très brèves dans les services chirurgicaux à des périodes prolongées dans les services médicaux. Peu de temps après les tournées, l'opérateur doit diffuser vers les quartiers dans lesquels aucune activité régulière n'a lieu. Un programme d'une demi-heure de musique à la demande le matin entre dix et onze heures est proposé. Cela devrait être suivi d'une période de silence avant le repas.

Si vous le souhaitez, la musique du déjeuner doit être suivie d'une musique reposante ou très douce. Si les stores sont tirés et que le silence parmi les patients est maintenu, les bénéfices seront maximaux. Les patients qui peuvent s'endormir facilement à ce moment-là le feront. Ceux qui ne peuvent pas faire une sieste l'après-midi apprécieront le détournement de la musique qui permettra une plus grande détente. Il est plus difficile pour certaines personnes de se reposer dans un calme absolu qu'avec une douce musique d'ambiance.

Un autre programme de musique sur demande d'une durée d'une heure peut être commencé entre deux et trois heures. Il est conseillé de mentionner les noms spécifiques des patients qui demandent de la musique afin de stimuler leur intérêt pour la participation et l'écoute communautaires. Dans la soirée qui suit le souper, il est suggéré que les émissions de radio les plus populaires soient transmises sur le système. Ceux-ci doivent être choisis sur la base des notations Hooper ou Crossley afin que le plus grand nombre de patients soit satisfait. Lorsque plusieurs chaînes sont disponibles, le deuxième programme sélectionné doit être de nature différente du premier.

*Annonces.* Les annonces doivent être réduites au minimum. Les annonces de routine doivent être faites quotidiennement à des heures précises, par exemple après le petit-déjeuner, avant le déjeuner et après le dîner. Les appels d'urgence doivent être limités aux véritables urgences, sinon ils ne seront pas considérés comme impérieux, comme ils devraient l'être.

Les journaux télévisés sont une fonctionnalité très appréciée et souhaitable pour les patients qui, jusqu'à leur admission à l'hôpital, ont peut-être lu ou écouté les informations quotidiennement et souhaitent les suivre. Le journal télévisé doit être diffusé d'une manière peu sensationnelle et les informations trop déprimantes ou trop excitantes doivent être supprimées ou reformulées, pour les patients psychiatriques.

*Programmes spéciaux.* Il devrait y avoir un programme religieux hebdomadaire envoyé via le système pour ceux qui sont au lit. Le ministre affilié à l'hôpital devrait pouvoir intégrer l'hôpital dans son emploi du temps du dimanche matin. Si aucun ministre n'est disponible, une émission de radio régulière devra être rediffusée, mais une messe dominicale d'origine locale sera plus personnelle, et donc plus appréciée. Il existe de nombreux enregistrements religieux adaptés à la musique de service accessoire, en particulier la série d'albums pressés par Bibletone.

Les jours fériés doivent être célébrés par la reproduction de musique appropriée ou par des rediffusions radiophoniques.

Pour les petits hôpitaux disposant d'un personnel limité, un système à deux canaux, continuellement réglé sur les deux réseaux locaux les plus populaires, doit être utilisé.

---

# *CHAPITRE DIX*
## ÉQUIPEMENT ET BIBLIOTHÈQUE

Un hôpital qui souhaite utiliser la musique comme complément à la pratique médicale doit être disposé à offrir l'espace nécessaire à ses activités. La mesure dans laquelle la musique sera nécessaire dépendra de la nature des maladies traitées et de la durée moyenne de séjour des patients. Pour les hôpitaux psychiatriques et antituberculeux, la musique est un « must ». L'hôpital pour malades chroniques dispose généralement d'une salle de réunion ou de récréation pour les performances musicales. Cette salle sera généralement adaptée aux répétitions d'orchestres et pourra également être utilisée à d'autres heures de la journée pour la pratique instrumentale. Là où les fonds et l'espace peuvent être économisés, des salles de répétition supplémentaires devraient être construites afin qu'un plus grand nombre de patients puissent participer. L'espace peut être économisé en construisant de petites cabines insonorisées avec l'un des panneaux muraux fabriqués insonorisants tels que *Celotex* ou *Transite* . Les cabines doivent être construites avec beaucoup de vitrage afin que le patient ne ressente pas l'exiguïté de la pièce. S'il n'y a qu'une seule aide musicale, il y aura avantage à centraliser toutes les activités musicales, mais si plus d'aide est disponible, des salles de répétition musicale devraient être disponibles dans les différents pavillons ou ailes de l'hôpital afin que les patients nouvellement convalescents n'aient pas à marcher trop loin.

Si la tranche d'âge des patients couvre toute la gamme, les dispositions en matière de sièges et d'instruments devront inclure des dispositions pour tous. Cela signifie des bancs de piano réglables, des pupitres, etc. Des chaises doivent être fournies non seulement pour les musiciens mais aussi pour les spectateurs. Les patients devraient être encouragés à assister aux répétitions d'orchestres et d'autres groupes afin de stimuler leur intérêt pour la musique et pour le divertissement qu'elle procure. Les pupitres pour les groupes doivent être habillés pour ressembler à ceux utilisés par les groupes populaires. Ces stands sont colorés, pliables et donc transportables pour toute représentation extérieure que le groupe patient peut contracter.

### INSTRUMENTS

*Participation.* Le nombre et la nature des instruments dont un hôpital devrait disposer dépendront uniquement des limites budgétaires et de l'intérêt de la communauté. Il n'y a aucune limite, sauf l'espace de stockage, au nombre et à la variété des instruments qu'un hôpital doit accepter en cadeau. Idéalement, il devrait y avoir au moins un de chacun des principaux instruments. Chaque instrument doit avoir son propre étui et il est sage de graver le nom de l'hôpital sur chaque instrument afin de minimiser les pertes.

Les initiales de l'hôpital peuvent être gravées sur une partie discrète de l'instrument, comme l'intérieur de la cloche en laiton ou la face inférieure du corps en bois. Tous les instruments doivent être verrouillés dans des armoires lorsqu'ils ne sont pas utilisés.

En plus des instruments de musique classiques, il convient d'acquérir de petits instruments pouvant être joués au lit. Ceux-ci peuvent être divisés en ceux de construction normale tels que le ukulélé, la mandoline et l'autoharpe et les instruments sans tonalité qui peuvent être fabriqués en retirant le corps de résonance. Un violon sans son peut être construit à partir d'un violon donné en mauvais état en montant le cordier, le chevalet et l'élément de doigté sur une étroite bande de bois ou de plastique. Un morceau de coussinet en caoutchouc « à genoux » constitue une bonne peau de tambour pour s'entraîner.

Pour les enfants, des instruments jouets tels que le Typatune, le xylophone jouet, la trompette, les maracas, etc. devraient être disponibles.

*Écoute.* Une pièce doit être désignée comme « salle d'écoute de musique ». Pour des raisons d'économie d'utilisation, il peut s'agir d'une salle polyvalente. Il peut s'agir d'une combinaison du bureau de l'aide musical et d'une bibliothèque musicale utilisée à certaines heures de la journée pour la pratique et l'écoute. Il doit contenir un instrument pour lire des enregistrements. Le choix du tourne-disque doit dépendre du son produit par l'instrument plutôt que de son nom. Le tourne-disque de la salle d'écoute doit être équipé, si possible, d'un changeur automatique et d'un large contrôle de tonalité. En raison de l'excellence de nombreuses émissions musicales, une combinaison radio-tourne-disque est la plus souhaitable.

Les tourne-disques portables sont également souhaitables pour l'écoute au chevet de ceux qui en font la demande. Dans les hôpitaux non équipés de systèmes de sonorisation, le tourne-disque portable peut constituer un excellent substitut. Si le lecteur est monté sur un chariot équipé d'étagères pour disques et albums, il peut être transporté d'une salle à l'autre pour les périodes musicales quotidiennes. Si l'hôpital dispose de diapositives de petite taille avec des paroles de chansons imprimées (comme celles fournies aux groupes de service pendant la guerre par l'USO), un petit projecteur de diapositives doit être ajouté au chariot musical pour être utilisé dans la salle sombre avant les chansons de la salle. .

### LA BIBLIOTHÈQUE MUSICALE

La bibliothèque musicale de l'hôpital peut varier de quelques enregistrements à une collection composite de toutes les formes de littérature musicale disponible. Les hôpitaux généraux qui traitent toutes les maladies et tous les groupes d'âge auront besoin des variétés les plus étendues et les plus catholiques de toutes sortes de musique. Les hôpitaux spécialisés peuvent fonctionner avec une bibliothèque adaptée à leurs besoins individuels. Un hôpital pour personnes âgées n'exigera pas trop de musique populaire contemporaine. Dans un souci d'inclusion, l'idéal sera discuté dans l'espoir que certains hôpitaux pourront se le permettre et que d'autres pourront sélectionner les éléments qui leur deviennent possibles.

*Enregistrements.* Le choix des enregistrements sera déterminé par la population hospitalière habituelle. Lors de la constitution de la bibliothèque de disques, l'assistant musical doit soumettre des listes de contrôle à chaque patient de l'hôpital, n'importe quel jour. La liste devrait comprendre dix titres spécifiques dans chacune des six catégories : symphonie, opéra, opérette, chansons folkloriques, classiques d'antan et chansons actuellement populaires. Ceux-ci doivent être soigneusement répertoriés et doivent être utilisés pour former le noyau de la collection permanente. Un espace doit être laissé aux patients pour qu'ils puissent écrire dans d'autres pièces que celles nommées. Les disques doivent être achetés dans l'ordre de leur popularité numériquement enregistrée. Une collecte doit commencer par un dossier par lit d'hôpital. Cette méthode de création d'une bibliothèque est très fastidieuse mais en vaut la peine, car ce n'est qu'en déterminant les goûts musicaux des patients que l'on peut donner à la majorité la musique qu'elle souhaite. Les goûts musicaux des patients ne varieront pas de manière significative après un changement complet dans le recensement des patients, puisque la plupart des hôpitaux dérivent leur population de patients de la même zone géographique, et la tabulation des désirs musicaux ainsi obtenue correspondra de manière satisfaisante aux goûts. du même groupe d'âge dans la communauté. Si le budget ne permet pas une collection originale de cette taille, il pourrait être réduit de moitié par rapport à celui recommandé, mais c'est un minimum.

La collection devrait être constituée à raison d'environ un enregistrement pour dix nouvelles admissions de patients. Le choix de documents supplémentaires devrait se faire sur demande, mais la proportion des six catégories telle que déterminée initialement devrait rester relativement constante pour maintenir l'équilibre de la collection.

Chaque fois qu'il y a un choix entre deux enregistrements ou plus du même morceau, les disques à choisir sont ceux qui sont joués doucement ou doucement afin qu'ils puissent être adaptés à des fins supplémentaires de repas ou de musique reposante.

La bibliothèque d'enregistrements devrait contenir des albums de disques destinés aux occasions spéciales et aux jours fériés. Les patients ont hâte d'entendre des chansons irlandaises le jour de la Saint-Patrick et des chansons appropriées lors d'autres jours fériés. Pour accompagner les offices religieux, les albums préparés par Bibletone sont précieux. Un coup d'œil dans n'importe quel catalogue de disques standard permettra facilement à l'aide musical de constituer une collection appropriée.

Ce qui suit est une liste de records suggérés pour le dimanche de Pâques et la Saint-Patrick.

Enregistrements de Pâques :

| | |
|---|---|
| Je veux un lapin pour Pâques | Decca18654A |
| Dimanche de Pâques avec toi | Decca 18591 B |
| Défilé de Pâques | Decca 18425B |
| Dimanche de Pâques dans la Prairie | Decca 18654B |
| Choral pour la Cantate de Pâques | Victor 15631B |
| Requiem, de Gabriel Faure | Victor 18301, 2, 3 et 4 |

Fête de la Saint-Patrick :

| | |
|---|---|
| Molly Brannigan | Colombie 35496 |
| C'est comme ça que j'épelle l'Irlande | Colombie 35496 |
| Revenez voir Erin | Victor 27770B |
| Mère Machree | Victor 27772A |
| Eileen | Colombie 36585 |
| Un petit coin de paradis | Sonora 1069B |
| Tu es irlandais et tu es belle | Sonora1068A |
| Berceuse irlandaise | Decca 18621 A |
| Même vieux Shellalagh | Colombie 354986 |

Macushla                                      Victor 27770A

Je te ramènerai à la maison
Kathleen                                       Sonora 1067B

Petite ville du vieux comté de
Down                                           Sonora 1070B

Tous les enregistrements doivent être conservés dans leurs albums ou pochettes. Parce que les vestes ont tendance à se perdre ou à se déchirer, il devrait y avoir un stock de vestes inutilisées à portée de main. Chaque veste doit être étiquetée en fonction de son contenu. De plus, un fichier de catalogue à index croisés doit être conservé par l'aide musical pour tous les documents de la collection de l'hôpital. Trois fiches doivent être remplies pour chaque face de chaque disque : une fiche pour le compositeur, une pour le titre et une pour l'interprète. Cela semble demander beaucoup de travail, mais cela en vaut la peine car c'est seulement de cette manière qu'un programme peut être rapidement assemblé à partir de la bibliothèque d'enregistrements. N'importe quel système de classement suffira, mais si la collection est importante, un système élaboré en vaudra la peine. Des cartes de trois couleurs différentes peuvent être utilisées pour séparer les classiques, les populaires et les divers. Des onglets peuvent être placés sur ces cartes qui répertorient la musique pour les occasions. Les tablatures dans un coin peuvent faire référence à la musique des repas et les tablatures dans un autre à la musique des fêtes, etc.

Il est bon d'avoir toute la collection de disques dans une seule pièce, et les étagères destinées à contenir les disques devraient être construites en bois très lourd, car les enregistrements, lorsqu'ils sont serrés, sont très lourds. Il est préférable d'ajouter des notices aux étagères avec des numéros d'accession continus dans chaque catégorie et de s'appuyer sur le fichier pour la liste alphabétique. S'il existe des doublons, ils peuvent constituer le noyau d'une deuxième bibliothèque ou d'une bibliothèque de prêt. Les disques cassés, fissurés ou défectueux doivent être placés dans une section séparée des étagères pour être remplacés lorsque le budget le permet et que la popularité l'exige.

*Enregistrements instantanés.* Quelques hôpitaux auront la chance d'acquérir un tourne-disque pour l'enregistrement hospitalier de la musique radiophonique. Lorsque cela est possible, la collection de documents peut être augmentée de manière très satisfaisante. L'aide musical doit étudier tous les programmes de radio pour déterminer les heures pendant lesquelles les meilleures performances de la musique souhaitée sont diffusées. En écoutant chaque semaine plusieurs programmes soigneusement sélectionnés, il découvrira bientôt quels programmes utilisent la musique utilisée de la manière la plus souhaitable pour la reproduction hospitalière. Les orchestrations de Kostelanetz et Lombardo sont particulièrement adaptées à une écoute facile dans le domaine de la musique populaire. Les émissions de la Metropolitan Opera Association comprennent des passages non enregistrés commercialement ou du moins non enregistrés avec les chanteurs les plus populaires. Il existe de nombreuses autres émissions radiophoniques qui méritent d'être enregistrées pour la bibliothèque des archives de l'hôpital.

Il est relativement facile de faire fonctionner un coupe-disques, mais de nombreux détails mineurs doivent être connus pour une efficacité maximale. Un excellent livre pour les débutants est celui publié par la Audak Company de New York, *How to Make Good Recordings* .

*Partition.* Une bibliothèque de partitions dépendra une fois de plus des besoins locaux. Cela peut inclure de la musique orchestrale, instrumentale, vocale et de groupe. Dans les hôpitaux pour malades chroniques, un grand nombre de variétés seront nécessaires. Dans la mesure où la performance de groupe la plus simple sera vocale, la musique destinée au chant de groupe devrait figurer en tête de liste. La musique doit inclure des classiques anciens, des hymnes, des spirituals et tout autre élément que l'aide peut déterminer à partir des qualifications et des désirs intellectuels et musicaux des patients. Ce type de musique peut être acheté individuellement et augmenté en fonction de l'intérêt manifesté.

S'il y a un groupe patient, les partitions musicales doivent comprendre quelques marches qui pourront être utilisées au début et à la fin de ses concerts. Les classiques éternels les plus recherchés par le chant communautaire devraient constituer une part importante de la littérature orchestrale. Les medleys facilement disponibles de mélodies de Victor Herbert et de stand-by similaires peuvent compléter le groupe initial.

Les partitions doivent être cataloguées et classées dans des armoires. Un système simple d'étagères consiste à regrouper la musique selon son utilisation : une étagère pour le jeu en groupe, une pour les livres instrumentaux solo et débutants, et une autre pour les sélections vocales. Les numéros les plus couramment et actuellement utilisés par le groupe peuvent être placés dans des dossiers selon l'usage accepté parmi les groupes, et s'il y a des répétitions quotidiennes, ils peuvent rester sur les stands du groupe à tout moment.

La bibliothèque doit également contenir des livres, des formulaires imprimés ou des recueils de chansons polycopiés à distribuer aux patients pendant les chants communautaires.

*Livres sur la musique.* La bibliothèque hospitalière moyenne possède relativement peu de livres sur l'appréciation musicale ou l'histoire. Cela dépendra d'abord du budget et ensuite de la demande. L'ajout d'un assistant musical au personnel hospitalier augmentera généralement la demande. L'assistant musical doit être consulté concernant les livres qui, selon lui, séduiront les patients. Des livres sur la musique devraient également être disponibles pour aider l'aide-musical à préparer des commentaires sur la musique qu'il joue pour les patients.

Voici quelques livres suggérés pour inclusion dans la bibliothèque des patients de l'hôpital :

- Copland, Aaron — *Ce qu'il faut écouter en musique* , 1939.
- Goss, Madeline — *Symphonie inachevée* , 1941.
- Elson, Arthur — *Programmes de clubs de musique de toutes les nations* .
- Erskine, John — *Qu'est-ce que la musique* , 1944.
- Ewen, David — *Contes des bois de Vienne* , 1944.
- Ewen, David — *La vie de Gershwin* , 1944.
- Ewen, David — *Hommes de musique populaire* , 1944.
- Gronowicz, Antoni- *Chopin* , 1943.
- O'Connell, Charles — *Victor Book of Opera* , 1936.
- Taylor, Deems — *Des hommes et de la musique* , 1945.
- Taylor, Deems - *L'auditeur bien trempé* , 1944.
- Siegmeister, Elie — *Manuel du mélomane* , 1943.
- Spaeth, Sigmund — *À la maison avec la musique* , 1945.

Pour les jeunes patients, il y a la nouvelle série de vies de compositeurs illustrées en couleurs de Bach à Gershwin par Waldo Mayo, ainsi qu'un grand nombre de titres anciens et bons.

---

# CHAPITRE ONZE
# DIRECTION

L'introduction de la musique à l'hôpital ne dépendra pas tant de sa valeur prouvée en tant qu'aide à la pratique médicale que de l'intérêt d'un membre du personnel qui aime la musique ou reconnaît son importance pour l'hygiène mentale des patients. Il existe de nombreuses raisons expliquant l'absence de musique dans certains hôpitaux et qui peuvent paraître difficiles à comprendre pour le musicien. L'acceptation d'un programme musical dans un hôpital nécessite une augmentation du budget et de l'espace. Ce sont deux questions qui préoccupent constamment le directeur de l'hôpital et qui constituent parfois des questions de solution improbable. Pour les hôpitaux de type chronique, le problème doit être résolu. D'autres inconvénients résident dans l'interférence envisagée avec des procédures médicales et infirmières. Les hôpitaux sont traditionnellement des havres de paix et le directeur de l'hôpital ou son personnel, mal informé, peut envisager une transformation en un cirque sonore à trois pistes. Les progrès de la musique dans les hôpitaux dépendront en grande partie de l'ingéniosité et de l'intelligence des organisations existantes et des exemples qu'elles pourront donner aux hôpitaux potentiels.

Le programme musical d'un hôpital ne doit pas nécessairement être dirigé par un musicien, mais une personne qualifiée est préférable. Il y a des gens qui ont un amour intense pour la musique et une compréhension si complète de ses nombreux domaines qu'ils pourraient être capables de diriger un programme hospitalier bien qu'ils soient incapables de jouer d'un instrument. Dans certains établissements, la musique a été guidée par des bénévoles avec une grande satisfaction pour le personnel et les patients, mais nous sommes à une époque de spécialisation et un musicien rémunéré et formé vaudra généralement son salaire en termes d'efficacité, de fiabilité et de contrôle.

## DIRECTEUR

La musique pour les patients diffère de la musique pour le puits. Le musicien moyen n'est pas qualifié pour décider quels patients devraient ou non écouter de la musique. Il y a trop de musiciens bien intentionnés qui ont vécu une ou deux expériences personnelles ou entendu parler d'autres expériences au cours desquelles les efforts du musicien ont été récompensés par des miracles apparents de réaction mentale. Les musiciens ne sont pas capables d'évaluer de tels changements et ne prennent pas la peine de raconter quel était l'état du patient une heure ou un jour après cette exposition personnelle. Les musiciens doivent avoir une direction médicale. Le directeur médical de la musique ne doit pas nécessairement être un musicien de formation, mais il doit connaître d'une manière générale la plupart des formes musicales qui s'adressent à la majorité des patients. Sa qualification la plus importante sera la capacité à s'élever au-dessus des préjugés personnels liés au goût musical. Il doit reconnaître que les goûts musicaux peuvent être aussi divers que les appétits individuels pour différents aliments, et se sentir libre de commander de la musique comme il le ferait pour des patients. Ce sera son devoir de prescrire la quantité, la qualité, la durée et les intervalles de la musique ; contre-indiquer la musique aux personnes irritables, à certains patients postopératoires, aux malades aigus et à tous ceux pour qui il pense que la musique n'est pas bonne. Il lui faudra protéger les patients des éventuels caprices musicaux, passe-temps, convictions ou excès d'enthousiasme de l'aide musical.

Le directeur doit être choisi parmi les bénévoles du personnel. Choisir autrement le médecin directeur musical revient à entraver le programme musical. Il doit s'agir d'un médecin qui a le temps ou peut prendre le temps de remplir adéquatement son rôle. Au début, le directeur devrait avoir des conférences quotidiennes avec l'assistant musical principal au cours desquelles il devrait non seulement décrire les procédures souhaitées, mais également observer le musicien au travail avec les patients.

### AIDE MUSICALE

Il existe un désaccord considérable quant au titre le plus souhaitable pour la personne qui dirige de la musique à l'hôpital. Le terme « musicothérapeute » implique une formation non seulement en musique mais aussi en traitement. L'ergothérapeute a reçu une formation non seulement en artisanat, mais aussi dans des matières médicales de base, en psychologie et dans certaines matières cliniques. En attendant que les musiciens puissent suivre des cours similaires dans des écoles accréditées, un titre différent semble plus judicieux. Dans certains hôpitaux, les travailleurs sont appelés aides aux loisirs, mais ces personnes mènent également d'autres activités récréatives. Il semble banal de discuter de terminologie, mais le musicien hospitalier doit être appelé d'une manière ou d'une autre et il est difficile de concevoir que quiconque puisse trouver à redire à l'appellation « aide-musicale » pour désigner les personnes qui apportent de la musique au patient.

Un assistant musical peut être des deux sexes et de tout âge. Le choix dépendra non seulement de ce qui est disponible localement mais aussi de considérations telles que les personnalités impliquées et les recommandations personnelles. Si l'intelligence n'est pas exercée, le programme échouera car l'assistant musical principal est la clé de voûte de toute la structure. Pour un hôpital pour enfants, une femme qui a élevé des enfants semblerait la plus appropriée. L'aide aux enfants doit être capable de chanter et de jouer du piano. Elle devrait également être capable de jouer à des jeux musicaux avec les enfants.

Pour un hôpital pour jeunes adultes, comme l'hôpital moyen pour tuberculeux, une jeune femme entre trente et quarante ans aura l'énergie, le dynamisme et l'esprit nécessaires pour répondre aux exigences et aux goûts contemporains des patients dont elle s'occupe. L'aide à ce type de travail doit également être capable de diriger des chants de groupe et de masse et de jouer d'un instrument. La capacité de jouer d'un deuxième instrument ou de l'enseigner est un atout précieux.

Pour l'hôpital psychiatrique, un aide-soignant doit être mûr, patient, bien informé et avoir l'envie, mais pas les opinions préformées, de s'occuper du malade mental. Pour l'hôpital traitant des personnes âgées ou d'autres patients chroniques, un homme ou une femme plus âgée est souhaitable.

Il est préférable que tout assistant ait reçu une formation musicale formelle. Le plus souhaitable est un diplômé d'un conservatoire de musique ou d'un collège proposant une spécialisation en musique. L'aide-musical doit jouer d'au moins un instrument, et de préférence du piano. Si le budget de l'hôpital permet des aides musicales supplémentaires, chacun doit connaître un autre instrument. L'aide-soignant doit être capable de jouer de la musique à vue et de chanter avec une voix acceptable. La principale qualification devrait être l'absence de « tempérament artistique ». Les patients sont admis dans un hôpital pour des soins médicaux et non pour des connaissances musicales. L'assistant ne doit pas les considérer comme des étudiants en musique. La musique doit leur être donnée avec patience et sans émotion excessive. Si la musique suscite une réponse mentale marquée, cela peut être bénéfique, mais ce devrait être la musique et non le musicien qui suscite de telles réactions. Une expérience antérieure dans l'enseignement de la musique est un atout précieux pour l'aide musical.

Les tâches de l'aide musical varient en fonction du nombre et du type de patients. Dans les hôpitaux accueillant un grand nombre de patients ambulatoires, l'accent sera mis sur les activités de groupe ; dans les hôpitaux où prédominent les enfants, la musique sera largement utilisée comme divertissement, dans les jeux, la danse et d'autres activités corporelles appelées « rythmes », qui sont un développement de la rythmique.

Sous la supervision du directeur médical, l'aide-musical doit établir un programme précis d'activités musicales et s'y conformer. Cela nécessitera beaucoup de préparation et les meilleures heures pour le travail préparatoire seront celles pendant lesquelles les patients se reposent, dorment ou reçoivent des soins médicaux et infirmiers actifs. La préparation comprendra la maintenance et le catalogage des instruments et de la bibliothèque médicale ; classement des demandes des patients en matière d'instructions, de livres et d'enregistrements ; programmation de concerts, de chants de paroisse et du système de sonorisation ; correspondance avec des musiciens et des groupes musicaux de la communauté; commande de matériel et de musique; et la planification.

L'horaire doit être adapté à la routine de l'hôpital. La première heure de la journée doit être réservée aux activités préparatoires. L'enseignement individuel de la musique peut être donné de neuf heures à dix heures. A dix heures, la charrette musicale peut être amenée dans les services jusqu'à l'heure du repas. Après l'heure du repas, l'aide-soignant peut préparer les visites de l'après-midi. Les activités de la salle de loisirs ou de la salle d'écoute peuvent être programmées pour une période de deux à trois heures. De trois heures à quatre heures trente peuvent être utilisées pour les divertissements en salle, soit avec le chariot musical, soit avec des instruments portables. Un ou deux soirs par semaine, une heure ou plus peut être réservée au concert à l'hôpital ou à une heure d'appréciation musicale.

## ENTRAÎNEMENT

À l'heure actuelle, aucune école de musique ou de médecine accréditée ne propose un programme d'enseignement complet menant à un diplôme en musique en pratique médicale ou à une spécialisation dans cette matière. On pense qu'à terme, la demande pourrait conduire à la création d'un tel cours dans une école de musique, là où il a sa place. Il sera nécessaire que l'école de musique assure une liaison avec une faculté de médecine ou une école d'ergothérapie, ce qui limitera l'enseignement aux villes où se trouvent des établissements de premier niveau des deux types. Il existe au moins dix villes dispersées à travers les États-Unis dans lesquelles cette heureuse combinaison peut se trouver, mais il n'en faut guère plus de six.


Les candidats doivent être interviewés par un représentant des écoles de médecine et de musique. Un programme projeté est proposé comme suit :

*Première année*

| | |
|---|---|
| Piano | 8 crédits |
| Solfège | 5 crédits |
| Contrepoint | 2 crédits |
| Harmonie | 2 crédits |
| Anglais | 6 crédits |

| Histoire de la médecine | 1 crédit |

Deuxième année

| Piano | 4 crédits |
| Solfège | 2 crédits |
| Harmonie | 2 crédits |
| Contrepoint | 2 crédits |
| Histoire de la musique | 4 crédits |
| Anatomie infirmière | 6 crédits |

Troisième année

| Violon | 4 crédits |
| Harmonie | 4 crédits |
| Forme musicale | 4 crédits |
| La physique | 6 crédits |
| Physiologie | 2 crédits |
| Kinésiologie | 2 crédits |
| Psychologie | 4 crédits |
| Conduite | 2 crédits |
| Jouer au piano | 4 crédits |
| Ensemble | 2 crédits |

Quatrième année

| Violon | 4 crédits |
| Cours de chorale | 0 crédits |

| Conduite | 2 crédits |
| Musique contemporaine | 4 crédits |
| Ergothérapie | 4 crédits |
| La musique en médecine | 6 crédits |
| Psychologie anormale | 6 crédits |
| Lecture d'orchestre | 2 crédits |

Voici une brève explication des cours que l'on ne trouve normalement pas dans les écoles de musique et qui devraient être dispensés dans les écoles de médecine ou professionnelles.

*Anatomie pour les infirmières.* Cela devrait consister en une brève étude de l'anatomie du corps humain avec une référence particulière aux muscles, aux nerfs, au cerveau et à une introduction informelle aux organes internes.

*Histoire de la médecine.* Il s'agirait d'un cours d'orientation sur le développement de la médecine et des hôpitaux.

*Physiologie.* Une attention particulière doit être portée à la physiologie du système nerveux et des muscles.

*Psychologie.* La psychologie normale, y compris l'expérimentation en laboratoire en psychologie de la musique, constituerait la base de ce cours.

*Kinésiologie.* Le cours standard enseigné dans les écoles de physiothérapie, d'ergothérapie et d'éducation physique serait suffisant.

*Ergothérapie.* Une introduction à l'analyse artisanale et à l'ergothérapie psychiatrique est nécessaire.

*Psychologie anormale.* Une introduction à la psychiatrie suffit.

*La musique en médecine.* Un cours magistral, comprenant les sujets abordés dans ce volume, devrait être proposé.

Durant l'été, entre la troisième et la quatrième année, l'étudiant doit être affilié à un hôpital proposant un programme de musique pour travailler sous la direction du personnel hospitalier.

Ce ne sont que des suggestions, et chaque école, en consultation avec une faculté de médecine agréée, voudra élaborer son propre horaire. Nous espérons que le schéma ci-dessus sera d'une aide certaine.

# BIBLIOGRAPHIE


[1] Albrecht, W., De effect. mus., sect. 314, *à Roger, JL*

[2] Altschuler, I., *Occ. Là. Désintox.* , 1941, 20h75.

[3] Altschuler, I., *Proc. Mus. Enseigner. Nat. Assoc.* , 1944, p. 154.

[4] Altschuler, I., et Shebesta, B., *Journ. Nerveux. Ment. Dis.* 1941, 94:179.

[5] Ayers, I., *Am. Phys. Ed Rév.* , 1912, 16:321.

[6] Barker, L., *Psychothérapie* , New York, 1940.

[7] Bauer, M. et Peyser, E., *Music Through the Ages* , New York, 1932.

[8] Beaunis, B., « L'Émotion Musicale » , *Rév. Phil.* , 1918, 86 : 353.

[9] Beckett, W., *Musique dans les plantes de guerre* , Washington, 1943.

[10] Bissell, AD, Le rôle des attentes dans la musique, New Haven, 1921.

[11] Boerhaave, H., Impetum Faciens , *dans Roger, JL*

[12] Bowers, CG, *Le jeune Jefferson* , New York, 1945.

[13] Brocklesby, R., *Réflexions sur la musique ancienne et moderne* , Londres, 1749.

[14] Bücher, K., Arbeit und Rhythmus , *dans Diserens, CM*

[15] Burney, Charles, *A General History of Music* , Ed., par Mercer, F., New York, 1937.

[16] Celsus, AC, *De la Médecine* , Trans. par J. Grieve, Londres, 1838.

[17] Champlain, Voyages de l'Amérique , *dans Roger, JL*

[18] Chomet, H., *Influence de la musique sur la santé et la vie* , New York, 1875.

[19] Combarieu, J., *La Musique, Ses Lois, Son Evolution* , Paris, 1907.

[20] Damon, KF, Notes de programme pour l'auditeur de musique, New York, 1933.

[21] Densmore, Frances, *Les Indiens d'Amérique et leur musique* , New York, 1926.

[22] Densmore, Frances, *Teton Sioux Music* , Bull. 61, Smithsonian Institute, Washington, DC

[23] Desault, P., Méthode pour préserver de la rage , *dans Roger, JL*

[24] Diserens, CM, *Influence de la musique sur le comportement* , Princeton, 1926.

[25] D'Olivet, F., *La Musique* , Paris, 1896.

[26] Dunlap, K., Le rythme et le présent spécieux, *J. Phil. Psycholique. et Sci. Méthode* , 1911, 8:348.

[27] Dupré, E., et Nathan, M., *Le Langage Musical* , Paris, 1911.

[28] Eastcott, Richard, Esquisses de l'origine, des progrès et des effets de la musique, Bath, 1748.

[29] Eby, J., *Occ. Là. Désintox.* , 1943, 22h31.

[30] Galton, F., Enquêtes sur la faculté humaine et son développement, Londres, 1883.

[31] Gaston, E., *Music Educ.* , 1945, 31:24.

[32] Gatewood, E., *Am. J. Surg.* , 1921, 35:47.

[33] Gatewood, E., *J. App. Psycholique.* , 1921, 5:350.

[34] Gehring, A., *Bases du plaisir musical* , New York, 1910.

[35] Gilman, B., Rapport sur un test expérimental d'expressivité musicale, *Amer. J. Psychol.* , 1892, 4:42.

[36] Gray, C., Contingencies, *The Music Review* , novembre 1944.

[37] Gruner, OC, *The Canon of Medicine of Avicenna* , Londres, 1930.

[38] Gundlach, R., Une analyse de certains facteurs musicaux déterminant les caractéristiques de l'ambiance de la musique, *Psychol. Taureau.* , 1934, 31:592.

[39] Gundlach, R., Une analyse quantitative de la musique indienne, *Am. J. Psychol.* , 1932, 44:133.

[40] Gurney, E., *The Power of Sound* , Londres, 1880.

[41] Hanson, H., Quelques études objectives du rythme en musique, *Am. J. Psychiatry* , novembre 1944, 101 : 364.

[42] Hanson, H., Le point de vue du musicien vers l'expression émotionnelle, *Am. J. Psychiatry* , novembre 1942, 99 : 317.

[43] Harrington, A., Ment. Hyg., 1939, 23:601.

[44] Hauptman, M., Die Natur de Harmonik , *dans Helmholtz, HLF*

[45] Heinlein, CP, Les caractères affectifs des modes majeur et mineur en musique, *J. Comp. Psycholique.* , 1928, 8:101.

[46] Helmholtz, HLF, *The Sensations of Tone* , Londres, 1875.

[47] Hevner, K., Le caractère affectif des modes majeurs et mineurs en musique, *Am. J. Psychol.* , 1935, 47:103.

[48] Hevner, K., La valeur affective de la hauteur et du tempo en musique, *Amer. J. Psychol.* , 1937, 49:621.

[49] Hulbert, H., *Eurthym.* , Londres, 1921.

[50] Jacobson, E., Électrophysiologie des activités mentales, *Am. J. Psychol.* , 1932, 44:677.

[51] Johnson, M., *Nat. Éd. Cul. Jour.* , 1905, 45:940.

[52] Kawarski, T. et Odbert, H., Color Music, *Psychol. Monographies* , 1938, no. 50.

[53] Kirschner, M., Musik und Operation , *Der Chirurg* , 1936, 11:429.

[54] Kraines, S., *La thérapie des névroses et des psychoses* , Phila., 1943.

[55] Lee, V., *Music and Its Lovers* , Londres, 1930.

[56] Levine, M., *Psychothérapie dans la pratique médicale* , New York, 1942.

[57] Ligeros, KA, *Comment la guérison ancienne régit la thérapeutique moderne* , New York, 1937.

[58] Meibomius, M., *Antiquae Musicae Auctores* , Lib. IX, Amstelodami, 1652.

[59] Mueller, J. et Hevner, K., Tendances du goût musical, *Indiana U. Public.* , 1942, non. 8.

[60] Mursell, JL, *Psychologie de la musique* , New York, 1937.

[61] Nollet, JA, *Recherches sur les Causes Particulières des Phénomènes Electriques* , Paris, 1749, p. 33.

[62] Noyes, AP, *Modern Clinical Psychiatry* , Phila., 1944.

[63] *L'Ancien Testament* , I Samuel, Chap. 16, verset 23.

[64] Ortmann, Otto, *The Physiologic Mechanics of Piano Technique* , Londres, 1929.

[65] Pearson, Hesketh, *GBS* , New York, 1942.

[66] Pierce, A., *Méd. Taureau. Vétérinaire. Adm.* , 1934, 21:142.

[67] Porta, JB, Magia naturelle. , *dans Roger, JL*

[68] Rameau, JP, *Traité de l'harmonie* , Paris, 1722.

[69] Reade, W., African Sketch Book, *dans Diserens.*

[70] Roger, JL, *Effets de la Musique* , Paris, 1803.

[71] Schoen, M., *The Effects of Music* , Londres, 1927.

[72] Schoen, M., *La psychologie de la musique* , New York, 1940.

[73] Seashore, K., *Psychologie de la musique* , New York, 1938.

[74] Tarchanoff, I, *Arch. Italien de Biol.* , 26 : 313.

[75] Thorndike, L., *Une histoire de la magie* , vol. 2, New York, 1923.

[76] Valentine, C., L'appréciation esthétique des intervalles musicaux chez les enfants et les adultes, *Brit. J. Psychol.* , 1944, 6:190.

[77] Vernon, PE, Perception auditive, *Brit. J. Psychol.* , 1934, 25:123.

[78] Vescelius, E., *Musique et santé* , New York, 1927.

[79] Wallaschek, R., *Primitive Music* , Londres, 1893.

[80] Wedge, G., *Keyboard Harmony* , New York, 1924.

[81] Willis, T., *Cerebri Anatome Nervorumque* , cap. XVII, Amstelodami, 1664.

www.ingramcontent.com/pod-product-compliance
Lightning Source LLC
LaVergne TN
LVHW041706190726
843493LV00007B/1965